Socrates

哲學家都在想什麼？
站在哲學家的高度，
來思考事情……
思考積澱成為智慧。

智慧的書

孫麗 主編

序文

　　在人生的旅程上，儘管有人一帆風順、無風無浪、平步青雲，但無事牌、免戰牌出世的畢竟只是少數，大多數人都必須經過不斷的努力，在失敗中累積經驗，在挫折中產生智慧，以完成一生的志業。

　　說句大氣的話，對於一生奮鬥不懈的人來說，「沒有失敗的人生，算是什麼人生！」

　　人生之可貴是在拼搏的過程，而不是最終的成功寶座。這說法有點像戀愛的過程，最讓人刻骨銘心的往往是戀人之間共同為愛的信念，排除萬難，走向人生的彼岸。記住，是過程而不是最終的歸宿……

　　這是一部讓「人生」產生價值的書。全書充滿熱情，可以燃燒起人的鬥志，激起堅定的意志，產生強大的正能量，去迎接一波又一波的浪濤。它在我們戰鬥時，會讓我們充滿勇氣；在我們休憩時，也會帶來思考的哲理。這是一部會讓人受益一輩子的勵志小品，您可以隨身攜帶，隨時為自己加油！

CONTENTS

CONTENTS

PART 1

成為自己人生舞台的主角！

在人生的舞台上，無論是編劇、導演或演出者，都只能是你自己。也許你所扮演的角色有時光芒四射，有時沒沒無聞。不過，你絕對不能從自己的人生舞台上退出，因為你所扮演的角色是沒有人能代替的。在這只有一次的人生裡，希望你能努力扮演好自己的角色。

抱持信念活下去吧！

認識自己

不要不認識自己，不要犯大多數人所犯的錯誤；因為大多數人儘管急於打探別人的事，對於他們自己的事卻不肯加以仔細察看。因此，不要忽略這樣的事——每天要努力多注意到你自己。

人們由於認識了自己，就會獲得很多好處；而由於自我欺騙，就要遭受很多禍患。因為那些認識自己的人，知道什麼事對自己合適，並且能夠分辨自己能夠做什麼，不能做什麼……那些不認識自己、對自己的才能有錯誤之估計的人，對於別的人和別的人類事務也就會有同樣的情況……由於他們對這一切都沒有正確的認識，他們就不但得不到幸福，反而要陷於禍患。

但那些知道自己在做什麼的人，就會在他們所做的事情上獲得成功，受到人們的讚揚和尊敬……那些不知道自己在做什麼的人，他們選擇錯誤，所嘗試的事盡歸失敗，不僅在他們自己的事務中遭受失敗和責難，甚至因此名譽掃地，遭人嘲笑，過一種受人蔑視和揶揄的生活。

——蘇格拉底（古希臘哲學家，前470～前399年）

應該如何活下去？

我們應該考慮的問題，
不是如何面對死亡，
而是如何生存於天地之間。
　　——約翰生（英國作家、評論家，1709～1784年）

人生的光輝

寶石縱使落在泥土中，
仍然璀璨無比！
而塵埃即使飛上雲端，
也不能成為美麗的彩霞……
　　——沙登

創造美的人生

並不是每個人都能夠美好、強壯的生存在天地間,有些人生來膽小、體弱多病或性格懦弱,有些人天生就愛哭。但是,如果這麼弱小、膽怯的男性知道自己的弱點,能夠努力去創造美麗的生命,那麼他的情操便是高尚的。

——遠藤周作（日本作家,1923～1996年）

讓自己發光

與其藉著太陽照射而發光的月亮,
不如做個自己能夠發光的螢火蟲……

——森鷗外（日本作家,1862～1922年）

要有與對手光明正大地競爭

因為討厭對方而暗中將他排擠的行為,這和我的個性是不相合的。沒有人願意樹敵或是和某人糾纏不清,所以我們一定要有「與對手光明正大競爭」的信念!

——中內功（日本實業家作家,1922～2005年）

精神可以不老

因為我認為，生命永恒的光輝不外乎就是保持這種青春的純真。包括那些現在正隨意揮霍青春的人也是如此。人總是要老的，這是誰也沒有辦法的事。不過，精神是不願衰老的。我不願度過那種圓滑、虛偽的人生。生命的本質應當是永恒不變的，儘管它有時體現為滅或不滅。

——池田大作（國際創價學會會長，1928年～）

毫無止境的氣度

海洋的遼闊比不上天空的遼闊，而天空的遼闊又比不上人類胸襟的廣闊。

——雨果（法國作家，1802～1885年）

青春的成長

一個人從青春期開始，就必須致力於擺脫父母的束縛；只有當這種擺脫有所成就之後，他才不再是一個孩子，而成為社會中的一員。

——佛洛伊德（奧地利精神分析學家，1856～1939年）

奔放的青春

真正的生活就是奔放、探索和尋找，不拘泥於社會規範，
只求對自己完全忠實。這就是青春珍貴的地方。它與年齡
絕對無關——歌德與紀德都是青春的，而歌德在八十三
歲、紀德在八十二歲時才去世。

覺悟是年老的產物，

奔放則是年輕的專利。

——深代惇郎（日本傑出新聞人，朝日新聞「天聲人語」專
欄撰寫者，1929～1975年）

青春的躍動

青春指的不止是肉體上的年輕，

青春應該還具有無窮的希望，不盡的理想。

這些理想和希望不斷地在沸騰，在輪轉，在跳躍！

——松下幸之助（日本經營之神，1894～1989年）

青春的驕傲

我希望年輕人不要害怕因過失所造成的傷害。如果他們所追求的目標是遠大的，那麼他們所流的血便是美好的。所以，即使有過失，也絕對應該無怨無悔。這當然不算是年輕人的血氣方剛，而是他們對於青春的自豪。但是，如果他們在無意間傷害了別人，自己卻不願付出任何代價，那麼這種記憶將會使他們終生痛苦，每當他們回想時，一定會感到悔恨羞愧，恨不得有個地洞鑽進去。

——河盛好藏（日本法國文學作家，1902～2000年）

捨我其誰

無法替代的人生

人生是無法替代的，生活也只不過是一種孤獨。沒有人能
代替你走過，你也不能幫任何人走過。

——石原慎太郎（日本政治人物、作家，1932年～）

道路

我的前面沒有道路；
我的後面，道路已被我創造出來……

——高村光太郎（日本詩人，1883～1956年）

衝向最前線

不要再猶豫了，要面對現實，腳踏實地，身體力行，用自
己的手披荊斬棘，衝向最前線……這就是實踐精神。

——中內功

幻想

要常常對未來勾勒出幻想，
那將會為你帶來希望。

——土光敏夫（日本戰後財經界大人物，東芝社長、經團連
　　會長，1896～1988年）

在一生中沒有幻想或目標的人，往往只有維持現狀的心態，
並採取保守的行動。擁有憧憬和目標的人，為了達成他的理
想和目標，便會不斷努力，思想也很創新，一生的行動都跟
著目標前進，生活的態度十分積極，常在腦海中勾勒出對未
來的幻想……

沒有先後次序

在運動場上，沒有前輩、晚輩的先後次序之分。

——長島茂雄（日本職棒名人，1936年～）

必勝的信念

要使屬下擁有必勝的信念很容易，只要你能給他很多體驗勝利的機會。

——隆美爾（德國名將「沙漠之狐」，1891～1944年）

才能的自信

所謂「才能」，
就是相信自己以及自己所擁有的力量。

——高爾基（蘇聯文學創始人，1868～1936年）

目標

如果不能立定志向，縱使滿腹經綸，也沒有用。
立志對於小說的創作，也非常有幫助。

——菅實彥

方針

在積極行動以前,
必須先確立正確的方針。

——英國諺語

立志

雄心壯志是鼓舞人創立豐功偉業的最大刺激劑。

——蘇格拉底

天助自助

能夠深切了解自己的使命,秉持著堅定不移的精神親自去
完成它,那麼天助自助是毋庸置疑的。

——團琢磨(日本實業家,1858~1932年)

選定一條道路，堅定不移地走下去

我日夜都鑽研於版畫藝術的創作。一些有名的版畫家會替咖啡廳或餐廳製作火柴盒版畫，或是繪製賀年卡。但是，我覺得這是不對的。姑且不論金錢的代價（報酬）如何，我覺得，必須創造非常高尚的版畫才行；尤其在這個時代中，更須如此。

最近，我在已完成的作品中，刻上一句這麼鼓勵自己的話：「選擇一條道路之後，堅定不移地走下去，那麼一定會有後繼者⋯⋯」

有一天，我到小野家拜訪。我說：「我希望能像梵谷那樣⋯⋯」這時，小野問我：「你對梵谷了解多少呢？」

後來，小野拿來了一本叫作《白樺》的新書給我。彩色印刷的封面上，刊載著梵谷的向日葵畫。這六朵以紅黃色系為主的向日葵閃耀著光芒，背景則是令人賞心悅目的翠綠色。我看到這幅畫，感到一陣愕然──繪畫真是一種絕妙的藝術，這幅畫所代表的是梵谷呢？還是梵谷的精神？

──棟方志功（日本版畫家，1903～1975年）

認清虛偽

虛偽是人與人之間常有的事。

──蘇格拉底

德性為重

青年人欲出身任事，當以優美與和諧為其永久之方針。

人不當以外觀為事，須有道德之實際，而後飾之以優美之言辭、動作。

──柏拉圖（古希臘哲學家，前427～前347年）

思考人生

靈魂與肉體

靈魂既與肉體互相結合，則靈魂必為治理者，肉體必為服從者。

——柏拉圖

精神上的熱忱

熱忱，在我們的靈魂中，正是愛情和友誼所產生的原始動力。我們要是被友好或朋輩輕侮，則比被陌路人所褻瀆，精神上的感覺更為激動。精神這事物總是向外發展而且不可屈服。

——亞里斯多德（古希臘哲學家，前384～前322年）

靈魂不朽

凡是靈魂，都是不朽的。

——亞里斯多德

真實與虛假

凡以不是為是、是為不是者，就是假的。

凡以實為實、以假為假者，就是真的。

所以，人們以任何事物為是或不是，就得說，這是真的，
或這是假的……定義總是說，怎麼是真實，怎麼是虛假。
事物以肯定或否定之形式為聯結則成真實，以另一形式為
聯結便為虛假。

——亞里斯多德

尊重真理

尊重人不應該勝於尊重真理。

——亞里斯多德

哲學之必要

一個哲學家正像一個正直的人，或一個具有其它任何不同之美德的人一樣，需要必需的生活條件。當他們已經充分具備了這種東西之後，正直的人還需要那些他能對之做出公正之行動的人。節制的人、勇敢的人以及有其它美德的人也都如此。

哲學家即使是一個人的時候，也能夠沉思真理，並且他越有智慧就越好；如果他有共同的工作者，這事也許能夠做得更好些。

——亞里斯多德

社會與人

凡社會性的動物，在它們的社會中，必然存在某一共同的目的。

——亞里斯多德

哲學與人生

哲學並不研究個別主題具有這些或那些偶然的屬性，而是闡明萬事萬物之所由，以成為此事此物之實是——物理與數學的地位相同。物理研究事物之屬性，闡明其動變原理而不管其實是為如何。所以物理與數學必須編次為智慧的分支（哲學的部分）。

——亞里斯多德

「現在」的意義

現在是時間的一個環節，連接著過去和未來；它又是時間的一個臨界點：未來時間的開始，過去時間的終結。

既然「現在」是時間的終點和起點，但不是同一時間的終點和起點，而是已過之時間的終點和未至之時間的起點……時間永遠在開始和終結之中……時間不會消滅；因為它總是在開始著。

——亞里斯多德

人與哲學

哲學被稱為真理的知識自屬確當。因為理論知識的目的在
於真理，實用知識的目的則在其功用。從事於實用之學的
人總是只在當前及與之相關的事物上尋思，務以致其實
用；於事物的究竟，他們卻不予置意。

——亞里斯多德

幸與不幸

如果某一偶然事件的結果是好的，人們就會說是「好運
氣」，如果是壞的，就說是「運氣不好」；如若事情的結
果比較重大，就用「太幸運」和「太不幸」名之。因此，
如果剛好避開一件重大的壞事或錯過一件重大的好事，人
們也視之為「幸」或「不幸」。我們把思考中的好與不好
和實際中出現的好與不好一樣看待，好像沒有分別似的。

——亞里斯多德

所謂「機遇」

某些事情原來常是出於某種作用，符合於某些目的，茲乃忽然發生，此類事物，其起因不能不歸之偶然者，便是「機遇」。這樣，機遇與思想照顧著相同的範圍，因為那些作用原來應該是憑依思想而發生。引致機遇之結果的原因無定，所以「機遇」幽隱，非人智所能運算。這種偶然之緣由，可算是無原因的原因，其結果為善為惡、為吉為凶，就說是好運道或壞運道；倘所遭遇的後果規模很巨大，就說是興盛或衰敗。

——亞里斯多德

幸運是無常的

幸運是變化無常的，因為偶然性是變化無常的，因為沒有一件恆常或者通常如此的事物，是源於偶然性的事物。

——亞里斯多德

認識偶然性

偶然性是從有意圖、有目的的行為中，由於偶然屬性的原因所致者。因此，思考和偶然性屬於同一範圍，因為意圖不會是不經思考的。偶然性被認為是屬於不確定的事物之列，並且是人所無法捉摸的。也正因為如此，所以有人認為，沒有什麼是由於偶然而發生的。因為一方面，確實有事情由於偶然而發生；另一方面，絕對地說，偶然性不是任何事物的原因。

——亞里斯多德

當個好人不會錯

好人無論生前死後，都不至於吃虧，神總是關懷他。

——蘇格拉底

注意周遭的人

壞人總是為害於與之接近的人，好人總是使同群者受益。

——蘇格拉底

人的必然性

每一將來的事情都將是「必然的」；
活著的人，有一天必然死亡。

——亞里斯多德

量力而為

每個人只能做好一件事，不能同時做好許多事。如果他想做好許多事，就會哪一件都做不好。

——亞里斯多德

虛心求教

如果一個人肯侍候另一個人，目的是在得到這另一個人的幫助，使學問或道德方面有所進步，這種自願的卑躬屈節並不卑鄙，也不能指為諂媚。

——亞里斯多德

注意他人的嘴

凡挾妒忌與包藏禍心向你們宣傳的人，或本身受宣傳而宣傳，這些人最難對付。

——蘇格拉底

行為要合乎自己情況

人們如欲有所作為，必須注意兩項標的——可能的標的和適當的標的。人們努力以赴各自的標的，尤應注意這些標的的可能性和適當性，是否確實與人的情況相符合。

——亞里斯多德

言行的準則

在判斷一言一行是好是壞的時候，不但要看言行本身是善是惡，而且要看言者行者為誰？對象是誰？時間為何時？方式有何種？動機是什麼？

——亞里斯多德

認識「時間」

既然時間是運動的尺度，附帶地，它也應該是靜止的尺
度。因為一切靜止都在時間裡。

既然任何運動著的事物都是在時間裡運動著，時間愈長，
運動通過的距離也愈大，那麼，一個有限的運動就不可能
在無限的時間裡進行——這不是指同一個運動或它的某一
個部分，永遠不斷地反覆，而是指整個運動在整個時間裡
而言。

——亞里斯多德

有人的地方就有責難

找一件不必負責任的事是不容易的。
無論一個人做什麼，想不犯錯是很難
的；即使不犯錯，想避免不公正的批
評也很難。

——蘇格拉底

目的的實踐

不完成目的的活動就不是實踐。實踐是包括了完成目的在內的活動。

——亞里斯多德

因小積大

小的怠忽往往逐漸積累成習，而帶來後患終釀成大變。

——亞里斯多德

了解自私

人人都愛自己，因自愛出於天賦……自私固然應該受到譴責，但所譴責的不是自愛的本性，而是那超過限度的私意。

——亞里斯多德

不要太早為成功高興

成功常會成為下一個失敗的原因。反之，任何失敗也都有可能因智慧和努力，而成為下一次大成功的原因。

——池田大作

平常心才會幸福

快樂的一面必然伴有痛苦，痛苦的一面必然伴有快樂。可見人心並不能達到絕對快樂之境。但是，只要努力求其客觀，並與自然一致，就能保持無限的幸福。

——西田幾多郎（日本哲學家，1870～1945年）

可貴的人類

人生最大的光榮，不在於永不失敗，而在於能屢仆屢起。

——哥爾斯密（英國詩人、小說家，1730～1774年）

人生之賭

人生如一場賭博，惟有聰明的人才能贏；所以，第一要看
清敵人的牌，第二是不能泄露自己的牌。

——羅曼‧羅蘭（法國文學家，1915年諾貝爾文學獎得主，
　　1866～1944年）

擁有希望，擁有一切

一個人對於前途必須抱有希望。

如對前途無望，社會上就沒有努力工作的人了。

預想明天的幸福，能安慰今天的不幸；

為了來年的快樂，才忍受今年的痛苦。

——福澤諭吉（日本近代啟蒙思想家，慶應大學的創立者，
　　1835～1901年）

人生是一種不斷的磨練

人的一生，或多或少總難免有浮有沉，不會永遠如旭日東升，也不會永遠痛苦潦倒。反覆地一浮一沉，對於一個人來說，正是磨練。因此，浮在上面的，不必驕傲；沉在底下的，也用不著悲觀。必須以率直、謙虛的態度，樂觀進步，向前邁進。

——松下幸之助（日本經營之神，1894～1989年）

掌握心中的舵

人生是一次航行。航行中必然遇到從各方面襲來的勁風；然而每一陣風都會加快你的航速。只要你穩住航舵，即使暴風雨也不會使你偏離航向。

——威廉斯

面對一切挑戰

對人生有益

既有智慧又能自制的人，
都寧願盡可能做對他最有益的事。

——蘇格拉底

節制之道

不能自制，就不能忍飢耐渴，克制情欲，忍受瞌睡，而這一切正是吃、喝、性交、休息、睡眠之所以有樂趣的原因。在經過了一段期待和克制之後，這些事才能給人以最大的快樂。而不能節制，則恰恰阻礙了人們對於這種值得稱道的、最必要和最經常之樂趣的享受……惟有節制才能使人享受這些值得稱道的快樂。

——蘇格拉底

青春代表實驗

所謂青春，就是一種實驗。

——史蒂文生（英國文學家，1850～1894年）

如果把人生當成是寫作，那麼孩童時代就是搜集資料的時期，青春時代就是試著寫作的時期，而中年時代就是作品的完成期，老年時代則是將作品加以潤飾的時期。亦即在孩提時代應將值得感動的事及材料搜集起來，等到青春時代再充分地加以發揮。

年輕時代失敗的經驗，將是日後巨大的財富。所以，不要畏懼失敗！「面對一切挑戰」是年輕人的專利……

擁有未來

即使在你失去一切的時候，
你仍然擁有未來。

——波比

要了解時勢

不要因循先例，但要順應時勢。

——塵塚物語（日本室町時代的敘事作品，1850～1894年）

當你對自己感到失望時

人類的價值並不在於毫無失敗，而在於能從失敗中站起來。遭遇一次失敗，不要灰心，要努力於不再因犯同樣的錯誤而失敗，重新建立自己的信心。如果你對自己不抱希望，那你就真的沒有希望了。

——宗道臣（日本少林拳創始者，1911～1980年）

毫無畏懼

當你遇見醜陋或邪惡的事情，絕對不要畏懼，要去觀察那裡面到底有些什麼？如果你看不出來，那麼你的人生將被否定。

——有島武郎（日本作家，1878～1923年）

接受挑戰

對手強不是很好嗎？雖然十之八九會失敗，但仍有萬分之一勝利的機會。不要管別人怎麼說，只要盡力去做就好！
　　——石原慎太郎

脫離常識的範疇

最近常聽人談到知識分子的弱點。這裡所說的知識分子，是指那些對事物一知半解的人。就因為如此，所以他們的思想不盡成熟，無法把所獲得的知識付諸行動。
很多人都曾說：「我已經試著去做，卻無法成功。」
事實上，這種情形是無可避免的。但我們如果能從自己的思想、常識或已有的知識中解放出來，憑自己靈機一動所想出來的主意去做，結果或許會更好！
　　——松下幸之助

青春的夢

青春的夢中充滿年輕人的忠實。
　　——席拉

命運由自己開創

掌握命運

自己的命運掌握在自己手中。

　　──席拉

人生由自己決定

自己的角色要由自己扮演。

　　──隆美爾

　　隆美爾在第二次世界大戰之際是個很出名的將軍,很多人都知道他的外號叫「沙漠之狐」。他對於自己的信念一向都很忠實。而且,為了貫徹自己的信念,他始終和希特勒對立。決定一生的不是命運,而是你自己。要盡自己的力量活下去,命運就會因而開創出來。自己的一生必須由自己創造、演出,沒有其他人可以幫助你扮演好自己的角色。

　　自己決定怎樣活下去,命運就會隨之改變⋯⋯

忍耐、勇氣和創造

人生不是別人給予的，
而是靠自己創造的。
在創造人生時，必須經過三個階
段——駱駝的人生、獅子的人生及嬰
兒的人生。換句話說，就是忍耐的人
生、勇敢的人生以及創造的人生。

——梅原猛（日本哲學家，1925年～）

努力足以造山

別人無法造山，你可以。只要努力，你就能得到相對的報
酬。立定目標。不管到達目標的過程如何艱難，只要你努
力，困難越大，你所獲得的快樂也就越大。

——吉尾弘（日本登山家，1937～2000年）

神力不可及的地方

只要依賴自己，即使是神力不可及的地方也能到達。不要使自己封閉在大雪紛飛的岩洞內，要用自己的力量逃出困境，並且心存唯一的想法——不斷行動！
——吉尾弘

只能依賴自己

不管你有再好的朋友，也不可以依靠他，你唯一可以依靠的只有自己……
——鍋島直茂（日本戰國時代名將，1538～1618年）

要品嘗命運

閃耀的光輝和昏暗的暴風雨，只不過是同一個天空所表現出的不同形態而已。命運也是如此，有時甜、有時苦，都要靠你自己去好好品嘗。
——赫塞（德國文學家，1946年諾貝爾文學獎得主，1877～1962年）

光芒

帶給我們光明的光芒，並不只為我們照亮某一個定點，而是為我們照亮遠方，使我們看得更遠、更清楚。

——約翰‧密爾頓（英國思想家，《失樂園》作者，1608～1674年）

前進，前進，再前進

努力前進

人有時候會犯錯，但仍要邁開大步向前進。

人有時候可能會遇到阻礙而滑倒，卻不能因此而退卻。

——史坦貝克（美國作家，1962年諾貝爾文學獎得主，1902
～1968年）

智能的退化

鐵不使用會生銹，

水不流動會腐臭或凍結。

人的智能也一樣，

沒有不斷地使用，就會退化。

——大衛

工作就是一種快樂

別說忙得透不過氣來，沒有喘息的機會。

對我而言，只有工作才具有生存的意義。

——法布爾（法國昆蟲學家、科普作家，1823～1915年）

坦誠面對自己

每個人都有自卑感，認為自己在別人的眼中必有缺點。既然這是個事實，那就乾脆承認它好了。然而，大部分人對於這個事實卻不願承認，只是一昧地隱瞞。因此，他們不能接受失敗。

在這種潛意識下，即使應該去做的事，他們也會畏縮不前。如果只注重外表和名譽就能立足，那當然不錯，但事實上，有這種觀念的人會經常碰壁。

——竹村健一（日本作家、政治評論家，1930～2016年）

從行動中了解事實

從行動中了解事實。即使不知道事實真相如何,也要不斷
前進。在你的行動中,自然可以了解事實!

——福特(美國企業家,福特汽車創始人,1863~1947年)

美國的汽車大王亨利‧福特,於西元一八六三年七月出生於
底特律。他原是機械工廠的學徒,也當過愛迪生電燈公司的
工人。一八九九年創立了底特律汽車公司,以生產低價位的
汽車為目標;又設立了福特汽車公司,並成為第一任董事
長。他參考汽車規模的標準及作業流程,致力於大量生產及
價格普及化,使福特公司成為世界首屈一指的汽車公司。他
在西元一九四七年去世,享年八十四歲。

福特只唸過小學及底特律實驗學校,實際上他並不認得幾個
字,也無法設計草圖或是閱覽設計圖。但是,他經由工作中
不斷吸取經驗,增強自己的能力,並且把注意力集中在生產
汽車上,努力向前進。他對於多角化事業毫無興趣。他不是
神,也不是天才,最大的特徵是富有責任感,不喜歡接受別
人的幫助,孤芳自賞。換言之,他是一個唯我獨尊、自視甚
高的人。但儘管如此,他對於想完成的事情,就一定會做
到。對他而言,所謂的事實,就是從不斷的行動中所獲得的
成果。

不要拘泥於小事上

不必介意，最好把小事忘掉，不要讓自己的心都亂了。
「如果拘泥於小事上，你將會感到人生苦短。」
──戴爾・卡耐基（美國成功學大師，1888～1955年）

不要猶豫，向前奔跑

不要再猶豫了，讓我們一起向前奔跑吧！如果老是在那兒枯坐，空想，就好像在枯萎的草原上等死的動物一樣，必然看不到綠色的牧場。
──歌德（德國文學家，1749～1832年）

邁開大步向前進

「天才與白痴」在這個世上是很少見的。我們都是凡人，因此，我們要有邁開大步向前進的勇氣。
──中內功

自卑感

自卑感對於抱持完美主義的生物是不適合的。在充實的生活中,自卑感會帶給人痛苦。自卑感否定了人類想要求生的欲望,這是不容忽視的。也就是說,對於一個抱持完美主義而活的人來說,自卑感是一種非常強烈的感覺,可能因而使他退縮不前。我們都知道,世界上沒有真正的完人,我們也常因自己的某些缺點而感到自卑,甚至一些身上充滿缺陷的人,他們對於別人看到自己的驚訝目光,亦不能釋然……所以,自卑感事實上應該算是一種很高尚的感覺。

——三木清(日本哲學家,1897～1945年)

使出全身的力量

一投定江山

任何球的好壞，在它投出的那一剎那就已決定了。這就是一種創造。對自己而言，在投出球的當兒，心中一定充滿澎湃不已的感動。

——澤村榮治（日本職棒投手，1917～1944年）

燃燒的蠟燭

每個人都應該做「燃燒自己，照亮別人」的蠟燭。

——羅莎・盧森堡（德國共產黨創始人之一，1871～1919年）

羅莎・盧森堡女士是第一次世界大戰時波蘭著名的革命鬥士。在她短短四十七年十個月的生命中，曾經流亡一次，被驅逐一次，下獄四次，被關了三年零八個月。但是，她就像一支不斷燃燒的蠟燭。這句話對於生長在動盪不安之時代中的她而言，實在是有感而發。

耕耘的果實

任何女人都不得不屈服在男人「苦口婆心」、「循循善誘」的軟語功下。人生也是如此，辛苦耕耘的人總會得到最美好的果實。

——大仲馬（法國作家，1802～1870年）

人生的目的為何？

在人生的歷程中，最重要的是了解自己為什麼而活。為自己立下目標，逐步朝目的地前進，也許中途會遇到挫折，但不要灰心，運用自己的意志力去發揮力量……世界上有許多偉人，他們的美麗人生都是預先訂定目標之後，經由不斷努力而創造出來。

——哈羅德‧拉斯基（英國經濟學家，1893～1950年）

人生的價值

我們的人生價值是經由不斷努力所創造出來的。

——默里亞克（法國小說家，1952年諾貝爾文學獎得主，
　　1897～1945年）

天才是靠努力創造出來的

如果你比別人多付出三倍、四倍甚或五倍的努力，那你就是個天才。

——野口英世（日本名醫、細菌學家，1876～1928年）

自從手因為燒傷無法動彈，經由手術痊癒之後，野口英世決定成為一個醫生。這個志願一直到他前往非洲，染上黃熱病倒下以前，都沒有改變。貧苦農家出身的野口英世，當他立定志向，決心成為醫生以後，對他而言，那是個很大的難題，而他克服困難、和困難戰鬥的武器，就是——使出全力向前衝。他知道付出和別人相等的努力和時間，是無法出人頭地的，因此他比別人多付出兩倍、三倍甚至五倍的努力，盡力發揮難以想像的力量。所以，他的成功並非因為他擁有此項才能，而是他不斷努力的結果。

出類拔萃，成大功、立大業的人，會被人稱為天才，而未付出努力的人絕不會是個天才。如果你不能付出比別人多兩倍、三倍的努力，你的才能就無法發揮出來。

朝著全知全能的境界不斷前進、不斷努力，有一天你也會被人稱為「天才」！

為人之道

關於信實，讓我們叫那遵守中道的人為信實的人……關於
娛樂方面的愉快，遵守中道的人叫作詼諧的人……關於日
常生活其它方面的愉快，相當和善的人可以叫作友愛的
人，過於和善的人可以叫作柔順的人。如果有心圖謀自
利，就是一個諂媚的人……羞恥並不是一種德行，但知恥
的人就會受到稱讚。

——亞里斯多德

只要盡全力

如果你能做到如此，那麼十之八九你可以成功——
帶著自信心，盡全力去完成你的工作。

——湯瑪斯·傑佛遜（美國第二任總統，1743～1826年）

志向是成功的幼苗

志向是天才的幼苗，經過熱愛勞動的雙手培育，在沃土裡
將成長為粗壯的大樹。

——蘇霍姆林斯基（蘇聯教育學家，1918～1970年）

不要害怕失敗

如果害怕失敗，那你絕對不會成功。每次在做一件事情時，你一定要義無反顧，盡全力去完成它。如果這樣還是失敗，那也了無遺憾。

——吉田忠雄（日本YKK拉鏈的創始人，1908～1993年）

年輕人的勳章

對年輕人而言，酒是成年人所佩戴的勳章，所以他們往往會產生一種錯覺，認為毫無節制地大量飲酒就是長大成人了。但是，他們總是酒後亂性、嘔吐，或是大聲哭泣……其實，這種表現還算不錯，因為既然不畏懼失敗是年輕人的專利，醜態畢露也算是年輕人的特權吧！

——吉行淳之介（日本作家，1924～1994年）

失敗怎麼辦？

如果我們被打敗了，我們就只有再次從頭幹起。

——恩格斯（德國馬克思主義創始人之一，1820～1895年）

意志才是一切

偉大人物最明顯的標誌，就是他堅強的意志。不管環境變到何種地步，他的初衷與希望仍不會有絲毫改變，而終於克服障礙，以達到期望的目的。

——愛迪生（美國發明家，1847～1931年）

你是哪一種人？

凡是以追求自己的幸福為目標的人，是糊塗蟲；凡是以博得別人的好評為目標的人，是脆弱的人；凡是以使他人幸福為目標的人，是有德行的人。

——托爾斯泰（俄國文學家，1828～1910年）

義無反顧

為了追求光和熱，將身子撲向燈火，終於死在燈下，或者浸在油中，飛蛾是值得讚美的，在最後的一瞬間它得到了光、得到了熱。

——巴金（中國著名作家，1904～2005年）

志向的大小

人的志向通常和他們的能力成正比。

——約翰生

幸福的設計師

幸運與偶然性有關——例如長得漂亮、機緣湊巧等。但另一方面，人生能否幸運，決定於自身。正如古代詩人所說：「人是自身幸福的設計師。」

——托爾斯泰

美好的欲望

如果人感受不到對幸福的渴望，他就不會感到自己是一個
活著的人；沒有幸福的欲望，人就無法生存。

──托爾斯泰

目標決定一切

生活好比旅行，理想是旅行的路線。失去了路線，只好停
止前進。生活既然沒有目標，精力也就枯竭了。

──雨果（法國作家，1802～1885年）

審時度勢

如果你掌握了審時度勢的藝術，在你
的婚姻、工作以及你與他人的關係
上，就不必去追求幸福和成功，它們
會自動找上門來。

──阿瑟‧戈森（英籍匈牙利作家，1905年～）

目標擁有一切

目標的堅定是性格中最必要的力量源泉之一，也是成功的利器之一。沒有它，天才也會在矛盾沒有方向的迷路中徒勞無功。

——切斯特菲爾德（英國政治家、文學家，1964～1773年）

人生的追求

天地萬物都在追求自身獨一無二的完美。

——泰戈爾（印度詩人，1913年諾貝爾文學獎得主，1861～1941年）

虛無的人

靈魂如果沒有確定的目標，就會喪失自己。因為俗語說得好：到處等於無處；四處為家的人無處為家。

——賀拉斯（古羅馬文學家，前65～前8年）

PART 2

超越昨日，今天才會變得可愛！

水沒有任何形狀，將它放在方的或圓的容器中，它就會成為方形或圓形。然而，不斷滴下來的水滴也能穿透石塊，許許多多小水滴也能聚成大河。水可以比作人生，尤其是男人的人生！你希望成為大河中的一滴水、深山中的清泉，或是夜間的一顆露珠呢？

不管你是什麼水，你必須是流動的，必須擁有堅強的意志，絕對不可以甘願變成一灘死水。

戰勝自己

創造忍耐

到目前為止，我所創的記錄都是靠著忍耐創造出來的。

——王貞治（日本棒球名將，1940年～）

　　大家都知道王貞治先生是世界級的全壘打王，他的紀錄直至目前，仍是空前絕後的。但他並不是個與生俱來的天才，他的人生是一連串的忍耐所創造出來。一九五七年，當時身為早稻田實業隊投手的王貞治，因為沒有日本國籍而被取消比賽的資格。但他的棒球人生就是由此時開始，耐力也是由此時開始培養出來。

　　當年離開早稻田實業隊，加入巨人隊的王貞治，接受當時的教練水原先生之建議，放棄投手的資格而致力於打擊。但出場二十六次，無安打紀錄。即使是在他創造了金雞獨立的打法之後，在一九六二年以前，也不曾擊出過全壘打。但是，他認為這些挫折對他而言是一項試煉，所以不斷地忍耐與努力，終於確立了他今天不可動搖的全壘打王地位，並刷新許多紀錄。他的忍耐與努力為日本職業棒球隊樹立了良好的風範。直到今天，在日本只要提「王桑」，就是代表王貞治！

適度可以保全自己

過度與不及均足以敗壞德行……惟適度可以保全之。
——亞里斯多德

任重道遠

人生就像是一場馬拉松比賽，如果一鼓作氣，跑完全程，一定會遭遇失敗。所以，務必不要急躁，不要焦慮。

德川家康曾說：「人的一生中背負著許多重擔，所以要任重而道遠。」如果我們能了解這句話的含意，在人生的旅程中，就可以用堅忍的耐力越過重重的障礙。

在人生的戰場上，我們輸給敵人的時候還比不上輸給自己的時候多呢！
——大屋晉三（日本政治家，曾任吉田茂內閣的運輸大臣）

小能克大

力量較小的一方可以打倒力量較大的一方，這就是柔道的
真義。

——三船久藏（日本柔道家，1883～1965年）

不要膽怯

武士的心絕對不膽怯，做任何事，在心裡都會預先有所安
排……我們可以從這些小事中，窺見一個人的內心深處。

——葉隱聞書（日本武術道經典）

經驗就是財富

即使自己的經驗微不足道，
但是，與他人的許多經驗相比，
它仍是最有價值的財富。

——雷鑫格

勇氣無敵

在戰爭時，如果以三千名士兵對抗一萬名士兵，將軍應該認為，這三千名士兵必定會獲得勝利。那是因為，勢力較小的一方，士兵會有所覺悟，知道每個人必須以一抵三，因此會勇氣大增。對於統率的將領來說，這一點是絕不容忽視的。

——前田利家（日本戰國武將，1539～1599年）

不要軟弱

軟弱本身並不可恥，可恥的是不能改進自己的軟弱。

——島崎藤村（日本詩人，1872～1943年）

克服自己的缺點

人類最大的力量是在克服自己最大的缺點時，所產生出來的勇氣。

——雷特曼

執行立志

立志是事業的大門，
工作是登堂入室的旅程。

——巴斯德（法國微生物學家，1822～1895年）

自強不息

唯一的希望在於自強不息。

——左拉（法國文學家，1840～1902年）

強大的真義是什麼？

真正的勇氣

指揮官想要贏得勝利，那是必然的，但他必須以堅強的意志領導部下，而不該把部下送入敵人的炮火中。

身為一個現代戰爭中的指揮官，首先要想到的是——不要讓我方人員受到損傷，也不要強迫部下信守自己的信條。

——喬治・巴頓（美國陸軍四星上將，1885～1945年）

強勁的人

有人曾向我誇耀他有多麼強壯，但實際上他根本不算什麼。在人世間，許多沒沒無聞者才是真正強勁的人。我曾經在海邊住過幾年，認識一些連姓名都不知道的漁夫，他們才是真正貧窮而正直的人。他們每天出海討生活，有時候一整天連一條魚都釣不到。但是，這就是他們的生活。那麼，他們日常生活的支柱又是什麼？我想，就是他們的堅強意志吧！他們不是弱者，而是堅強正直的人。

——立原正秋（日本小說家，1926～1980年）

正視一切考驗

我們要有正視最惡劣之事的勇氣。

——戴爾·卡耐基

人生沒有回頭路

當我們出發時，首先想到的就是什麼時候能再回來。雖然每天向前進，但我想到的不是什麼時候可以到達目的地，而是什麼時候能夠回去。直到有一天，到了某一個地點，我知道已經不可能再回頭了，因此我鼓起勇氣，心中所想到的只是向目標衝鋒！

——植村直己（日本登山家，1941～1984年）

男人的沈默

我覺得這是個很有趣的問題，不知道你們認為如何？我認為厚臉皮的男人和沈默的男人都不會為自己辯駁。不管問題是否與政治有關，他們不會隨便說話，只是默默地過自己的生活……這種沈默的男人是知過能改、毫無畏懼的人。

——原口統三

執著信念，堅持到底

人間處處有青山

男兒立志出鄉關，學若不成誓不還；

馬革裹屍終不悔，人間處處有青山。

——月照（幕府末期的僧人，1813～1858年）

壽命的意義

工作和人的生命一樣，不知何處是盡頭。這也可以算是另一種壽命。但是，如果我們因此就認為不須努力工作，那就不對了；因為人的一生，自生至死，我們都不能不維持自己的生命，保護自己。

正因為我們了解到任何事物都有它的壽命，所以我們必須以全副精神去完成自己的工作。如果我們能這麼想，就會感到心安，就能致力於開創自己的人生。

——松下幸之助（日本經營之神，1894～1989年）

執著的信念

當我們決定了自己要做的事情之後，就要
以執著的信念去完成它。也就是說，我們
所面臨的最大問題不在於自己是否有能
力，而在於缺乏執著的信念。

如果我們想要成功地完成一件事，就必須
擁有能力。但是，能力只是必要條件而非
充分條件，真正的充分條件是能將能力發
揮到極限的起動力、滲透力、附著力和耐
力，而這些力量的起源，就在於執著的信
念。

──土光敏夫

要有旺盛的精力

當重大的事情壓在我們身上，我們一定要以旺盛的精力和
貫徹的精神去完成它。如此就不會把事情搞得一團糟。

──鳥居元忠（日本戰國武將，1539～1600年）

人生不服輸

一定要獲勝！縱使無法勝利，也不要服輸！

——大亞瀧治郎（日本海軍中將，1891～1945年）

自己的路

我不想成為第二，只想當第一。

所以，做任何事情都不落人後！

崇拜我的人，我不希望你們回頭看我，因為我要走在你們的前面。如果我做不到這一點，那我也該退休了。

我並非一味地只想賺錢，我要得到的是一份榮譽……我所說的並非笑話。我不僅以目前的成就為榮，並且要不斷地超越自己。崇拜我的人對我的景仰，便是不斷推動我前進的力量。

我不喜歡去喧嘩熱鬧的地方，而喜歡去人跡罕至之處探索。有時候，我也踏著別人的腳步前進，有時候，我又自己走出一條路來。我所開闢出的道路，相信會有後繼者前來。如果你想散散心，也希望你能來。我所開闢的道路並非為別人而開，實際上是為了我自己……

——矢澤永吉（日本創作歌手，1949年～）

要像錐子一樣用心

成功就像錐子一樣，看準了某一點，就要不斷地刺下去。
——波比

專心致志

想完成某件事，就要專心致志。如果做任何事都只憑血氣之勇，那就絕對辦不成。參加比賽時，要以平常心與堅忍不拔的態度去面對。想要跳過一道鴻溝，就得馬上跳過去；假如還考慮是否危險，一定會掉到溝裡去。

——澤庵宗彭（日本臨濟宗禪師，1573～1645年）

失望的時候

希望是照亮人類未來的明燈，但有時也會失去光亮。當你看不見光亮時，必須運用智慧，去找尋自己的道路，才能考驗出人類或是男人的價值。

——佚名

品德的素質

品德高尚的好人之所以異於眾人中的任何人，就在於他一身集合了許多素質。

——亞里斯多德

孤立的滋味

想不與世人妥協而生存下去是很困難的。如果太過於自我，會使自己陷於孤立。但你若一昧地依賴眾人或團體的力量而生存，我覺得你還是選擇孤立比較好。有時試著離群索居吧！孤立是考驗自身力量的機會。

——佚名

男人的夢想

夢想是男人的人生食糧。縱使這個夢想只是海市蜃樓，他也會勇往直前，毫無怨悔。在現實生活中，飢餓而仍擁有夢想的人可以存活於世，因為這是個追求夢想的人生，也是男人和女人之所以不同的地方。

——佚名

飛翔

人生中充滿機會，但是，也因此布滿了危險。不過，如果在你的成長過程中沒有驚濤駭浪，那麼你的人生就毫無意義了。如果你到現在還不了解人生的意義，那麼趕快飛出籠子，去看看廣闊的天空吧！在你飛翔的過程中會遭遇到什麼，沒有人知道？但它很值得你去賭一賭！

——佚名

不要放棄

我失敗，但是並不服輸，我的勇氣還在。
——巴爾扎克（法國文學家，1799～1850年）

待長輩之道

無論在什麼地方，難道一般習慣不都是當年輕人和老年人
在路上相遇時，年輕人總是應該首先讓路嗎？難道不是年
輕人應該向年長的人讓座，把軟席讓給年長的人，講話時
讓年長的人先開口？卑鄙的人，你只要給他點什麼，就可
以博得他的歡心。但是，對於一個體面的長者，說服他的
最好辦法就是以善意相待。
——蘇格拉底

自己負責

我自己，是什麼也不怕的，生命是我自己的東西，所以我
不妨大步走去，向著我自己以為可以走去的路；即使前面
是深淵、荊棘、峽谷、火坑，都由我自己負責。
——魯迅（中國著名作家，1881～1936年）

自制的力量

哪怕對自己的一點小小的克制，也會
使人變得強而有力。

——高爾基

別期望幸運

我從來不曾有過幸運，將來也永遠不指望幸運……我激勵
自己，用盡所有的力量應付一切……我的毅力終於占了上
風。我的最高原則是：面對任何困難，都絕不屈服！

——居禮夫人（波蘭裔法國物理學家，第一位獲得諾貝爾獎
　　的女性，並且獲得兩次（物理與化學）諾貝爾獎，1867
　　～1934年）

與環境鬥爭

請記住，環境愈艱難困苦，就愈需要堅定的毅力和信心。

——托爾斯泰

自省的作用

反省是一面瑩澈的鏡子，
它可以照見心靈上的玷污。

——高爾基

痛快一些

老是猶豫不決，就永遠達不到目的。

——德謨克利特（古希臘哲學家，前460～前370年左右）

隨時自我批判

自我批評，這是一所嚴酷的培養良心
的學校。

——羅曼‧羅蘭（法國名作家，1915年諾貝爾文學獎得主，
　　1866～1944年）

毅力是命運之鑰

你將來的命運是凶是吉，孩子啊，從此就看你的毅力。

——普希金（俄國現實主義文學的奠基人、詩人，1799〜
　　1837年）

意志力

沒有偉大的意志力，就不可能有雄才大略。

——巴爾扎克

成功的祕訣

不停頓地走向一個目標，這就是成功的祕訣。

——巴甫洛夫（俄國生理學、心理學家，1904年諾貝爾生理
　　學獎得主，1849〜1936年）

征服的祕密

頑強的毅力，可以征服世界上任何一座高峰。

——狄更斯（英國名作家，1812～1870年）

難與容易

做一件事，無論大小，若無恆心，是很不好的。而看一切
太難，固然能使人無成，但若看得太容易，也能使事情無
結果。

——魯迅

今天你做些什麼？

早晨醒來時，問一問自己：
「我應當做什麼？」
晚上睡覺前，問一問自己：
「我做了些什麼？」

——畢達哥拉斯（古希臘哲學家、數學家，約前580～500
年）

突破的方式

理智可以制定法律以約束感情，可是熱情激動起來，就會把冷酷的法令蔑棄不顧；年輕人是最不受拘束的野兔，會跳過老年人所設立的理智的樊籬。

——莎士比亞（英國最傑出的戲劇作家，1564～1616年）

恒心最重要

只要有恒心，好日子總會來臨。

——維吉爾（古羅馬詩人，前70～前19年）

人生的報酬

所有堅韌不拔的努力，遲早會取得報酬。

——安格爾（法國新古典主義畫派的最後領導人，1780～1867年）

真實的人生

道德比財富重要

人間的種種差別，形成各式各樣的溝渠。
最深闊的溝渠是善惡之間的道德差別。其
次為財富和貧富之別。

——亞里斯多德

讓道德成為一種習慣

德行有兩種：理智的和道德的。理智的德行是由於訓練而
產生和增長；道德的德行則是習慣的結果。

——亞里斯多德

背負重擔

人的一生中都背負著重擔，任重而道遠……如果能這麼
想，那就不會不知足了。

——德川家康（日本幕府第一任將軍，1543～1616年）

真正的滋味

如果你不能在哭泣時吃著沾上淚水的麵包，那麼你就不算嘗過人生真正的滋味。

——歌德

青春時期

青春時期如果都沒有碰上任何問題，那是不正常的。青年人碰上問題才是正常的。其實，每個人的一生中，都不斷會有「問題」存在，青春時期有著年輕人的問題，老年時期有著老年人的問題。如果青春時期的問題無法解決，那麼，到了老年，也必然無法解決老年的問題。

——加藤諦三（日本作家，1938年～）

一定要活到三十歲以上

已經到了這個年齡的我，常會對年輕人說，如果你一心想自殺，請你無論如何要活到三十歲，好好地看清楚這個人生，再決定是否要離開它。

年輕人的觀念如果傾向死亡，有兩種可能，一種是他在裝模作樣，一種是他的身體不好。如果是因為生病了，一定要先醫治好。

如果沒有常常考慮到死亡，那也不對。你若能感受到死亡的壓力，才能擁有求生的意志。這就是生存的意義。

——北杜夫（日本作家，1927～2011年）

忍耐

偉大的人，其最大的特徵是遭遇不幸或處於逆境時，仍然能夠忍耐到底。

——貝多芬（德國音樂家，1770～1827年）

積極的人生

人類對於貧窮，並不需要感到驚慌。只要你有目的、有信念，且不斷修養、充實，就會擁有積極而快樂的人生。

——伊藤肇（日本評論家，1926～1980年）

淨化作用

人類是一種很奇特的動物，因為我們的回憶中總是樂多苦少。就像我回憶起在百貨公司當店員，或是獨自去求學、創業，雖然當時覺得很痛苦，但經年累月，經過淨化作用的洗禮之後，這一切的酸甜苦辣都會變成甜蜜的回憶。人的一生中不可能永遠都一帆風順，但是，當我們回顧時，卻往往會把痛苦的事忘記，只留下甜蜜的回憶。如果人人都能這樣做，那麼，這個人世間將會充滿希望。

——樫山純三（日本實業家，1901～1986年）

迂迴曲折

在我達到今天的地位之前，經過了很多迂迴曲折。但是，我有自己的目標，即使遇到了挫折，仍然毫不懈怠地勇往直前，因此才能達到今天的境界。

我這麼說，也許有人會認為這只是我一廂情願的說法，但我真正的意思是，儘管二加二等於四，三加一也等於四，我們也不能拘泥於這種公式。

人生並非數學題，必須加上努力，才會有所成就，所以不要固執不通、拘泥不化，有時需繞道而行，才能到達目標。

想哭時就哭吧！哭過之後，希望你能擦乾眼淚，大笑幾聲。如果不能放聲大哭，將心中的陰霾一掃而空，則你裝出來的苦笑會比哭更難看。

——橘家圓藏（日本單口相聲專家，1934～2015年）

絕望

如果你在面臨絕望時，一心一意只想到自己已經毫無希望
而不斷哭泣，那對你必然毫無幫助，只會妨害你的成功，
擾亂你內心的平靜。

——野口英世

　　幸與不幸，完全在於你自身心態的變化。一個極端悲觀的
人，他會覺得一切事物都與自己不合；相反地，樂觀的人會
覺得所有事物對自己都是好的。有人說：病從心生。你的心
情好壞會影響你的病情，使你的病情減輕或加重。

　　大家都知道野口英世幼年時曾遭到嚴重燒傷，雙手幾近殘
廢。當時他如果因自己的不幸而悲觀，對於以後的人生感到
絕望，就不可能成為後世的偉人。反之，在絕望、不幸中，
能產生莫大的勇氣，將不幸的遭遇視為人生的轉淚點，不斷
努力向上奮發，那你就會成為成功的人。海倫‧凱勒就是一
個最好的例子。

失敗是成功的跳板

成功定義

成功就是：站起來的次數要比被擊倒
的次數多一次。

——彼得

破滅才可怕

希望的煩惱儘管時常發生，但總沒有希望破滅那麼可怕。

——約翰生

失敗是一種收穫

失敗是有教導性的。真正懂得思考的人，
從失敗和成功中學到的是一樣多。

——杜威（美國教育家，1859～1952年）

人生的價值

真正的價值並不在人生的舞台上，而是在我們所扮演的角色上。

——席勒（奧地利畫家，1890～1918年）

永不氣餒

成功者與失敗者之間的區別，一般而言，在於成功者能由錯誤中獲益，並以不同的方式再去嘗試。

——戴爾・卡耐基

人生如棋

人生就像是弈棋，一步失誤，全盤皆輸，這真是令人悲哀之事；而且人生還不如弈棋，因為不可能再來一局，也不能悔棋。

——佛洛伊德

希望之火

感覺不到自己心裡有願望存在，就等於沒有生命。

──高爾基

事情沒有絕對的

當失敗不可避免時，它也是偉大的。

──惠特曼（美國詩人，1819～1892年）

從敗中求勝

德川家康失敗之後，不斷地聚積力量，等待下一次出擊的機會。這就是他從敗中求勝的祕訣。

──早乙女貢（日本小說家，1926～2008年）

失敗不代表什麼

如果只遭遇一次失敗就灰心，那就永無成功之日了。

──莎士比亞

學到教訓

不會從失敗中找尋教訓的人，
他們距離成功之路是遙遠的。
　　——拿破崙一世

失敗的好處

真正的成功只能帶來榮譽，
真正的失敗卻能帶來勇氣和力量。
　　——勞倫斯（英國軍官，史稱「阿拉伯的勞倫斯」，1888～
1935年）

人類社會原本就是競爭的社會，有了競爭，自然會有勝負之
分。有人說，勝負取決於時運。但不管怎麼說，勝利或失敗
並非最重要，重要的是你是否盡了全力。如果盡了全力，卻
仍失敗，也無須怨悔，必須從失敗中產生勇氣。如果只經歷
一次失敗，就不願再嘗試，則你心中就會充滿悔恨。

希望永遠存在

有人說，即使抱持著希望，也會產生失望。因此，為了不至於嘗到失望的苦果，遂不願抱持希望。

事實上，因抱持著希望而產生失望，這種希望並非真正的希望，只是一種期待。各種期待都可能落空，唯有希望絕對不會消失⋯⋯

——三木清

讓自己產生希望

空氣、希望和朋友

空氣、希望和朋友的愛若能長存於我們心中，我們就不會喪失勇氣了。

——歌德

為了維持人的生命，空氣是最重要的。此外，希望和時時鼓勵我們的朋友之愛，對我們而言更是難能可貴。擁有這些，我們的人生就不會再感到悲觀了。

歌德說：「我還要更多的光明和希望。」這句話到目前為止，仍流傳於世。歌德至死從未放棄對希望的追求。他認為人生像波濤起伏般，有高潮也有低潮，不管什麼情況，空氣、希望和朋友都會隨時陪伴在我們身邊。更何況，我們還擁有許多夢想呢！

奴隸與國王

我們的祖先中也許有人當過奴隸，而奴隸的祖先中也許有人曾經當過國王。所以，人類沒有貴賤貧富之分。

——海倫‧凱勒（美國社會學家、殘障教育家，1866～1936年）

不斷超越

當我遇到挫折時，朋友對我說：「你不要在意別人說了什麼！擁有實力的人，終會獲得勝利。」因此，我比別人付出更多的時間，而我的努力也得到了代價。

直到目前為止，不管遇到任何事情，我都秉持著堅定的信念，認為凡事都須努力以赴，才有成功的一天。

——立川談志（日本相聲專家，1936～2011年）

光明就在眼前

人生很苦，因此，許多人認為人生只是一段陰暗、毫無希望的過程。其實，我們若能從失望中看到一絲絲光明，那就會產生快樂，這種快樂會變成無窮的希望，而光明也就會在不遠處等著我們。

——傑夫

百分之五十的幸福

在這個世界上，沒有百分之百的不幸。因此，如果有百分之五十的幸福，就必定有百分之五十的不幸。這是我們必須了解的。人的感情很脆弱，往好處想海闊天空，往壞處想則事事悲觀……這是人類的弱點。

不過，無論如何，只要能秉持信念，就永不會失望。有人說，上天賦予你一種天賦之後，絕不會再多給你一些。但仔細想想，若上天已經給了我一種天賦，我就必須好好珍惜它、利用它，那麼人生就會過得很快樂了。

——松下幸之助

為希望而活

人生活在希望之中。舊的希望實現了，或者泯滅了，新希望的烈焰隨之燃燒起來。如果一個人只是過一天算一天，什麼希望也沒有，他的生命實際上也就停止了。

——莫泊桑（法國作家，1850～1893年）

希望無懼

一個最困苦、最微賤、最為命運所屈辱的人，只要還抱有希望，便可無所恐懼。

——荷馬（古希臘遊吟詩人，約公元前8世紀年）

世間的主宰

希望是熱情之母，它孕育著榮譽，孕育著力量，孕育著生命。一句話，希望是世間萬物的主宰。

——普列姆昌德（英屬印度小說家，1880～1936年）

希望是人生的藥方

希望——儘管它整個是騙人的——至少可以引導我們以一種愜意的方式，來走完生命的長途。

——拉・羅什福科（法國箴言作家，1613～1680年）

平常心

最有把握的希望，結果往往終於失望；最少希望的事，反會出人意外地成功。

——莎士比亞

希望需要靠自己

希望是本無所謂「有」，也無所謂「無」。這正如地上的路；其實地上本沒有路，走的人多了，也便成了路。

——魯迅

希望無窮

一個人對於前途必須抱著希望。如對前途無望,社會上就沒有努力工作的人了。預想明天的幸福,能安慰今天的不幸;為了來年的快樂,才忍受今年的痛苦。

——福澤諭吉

快樂

希望本身就是一種快樂,也許還是現世所能供給我們的主要快樂。

——約翰生

不要扼殺自己

生活在前進。它之所以前進,是因為有希望在。一旦沒有了希望,絕望就會把生命毀掉。

——波爾斯基(波蘭立陶宛貴族,1590?～1646年)

要有所追求

如果一個人的願望都得到了滿足，這對他並無任何益處。

——赫拉克利特（古希臘哲學家，前540～前480年）

希望鼓舞人心

能馬上實現的希望催人行動起來；不能馬上實現的希望則像麻醉劑一樣，起著安神的作用。

——霍華

超越悲傷

別人也有同樣的悲傷

當你悲傷時，一想到別人也有和你一樣的悲傷情懷，就算你的心中一時無法復原，至少也會感到心情平和些。

——莎士比亞

光與影

請你停止悲傷的心情和不斷的悔恨吧！烏雲的背後仍有陽光照耀著。

——隆德菲勒

夜晚離去之後，黎明終會來臨。這是不變的真理。但悲哀中的人常常忘記這個真理。他們縮進苦惱和後悔的殼中，見不到任何光明。雖然暫時躲在殼中確有好處，但當心情逐漸平復之後，希望你以不同的角度，好好地看看四周吧！你一定可以看到滿布烏雲的天空中，有一道陽光照射下來。

治療悲傷

治療悲傷的方法，就是趕快找些事情做。

——路易斯

人生物理作用

如果你認為悲傷只是一種心情的發洩，就不會有任何力量產生。如果你能將悲傷化為勇氣，它就會轉變成一種武器，使你產生一股莫大的力量。

——大宅步

悲喜相繼而來

任何事都有好的一面和壞的一面。如果你能好好地思考這句話，那麼在壞的事情來臨以前，你就能夠及早發現。在壞的事情發生後，將會有好的事情來臨；同樣地，在快樂的背後，悲傷也可能會隨之到來。

——北條家訓（日本鎌倉時代幕府要人北條早雲的家訓）

盡力而為

世上並沒有什麼值得悲傷的事，重要的是，在這種情況下，
你能做些什麼，然後盡力而為。

——沙特（法國作家、存在主義哲學大師，第一位拒絕領諾
貝爾文學獎（1964年）的作家，1905～1980年）

沙特是眾所周知的存在主義思想家，他著有《嘔吐》、《存
在與虛無》、《辯證法的理性批判》等書，對現代青年的思
路產生了莫大的影響。西元一九六四年，他獲得諾貝爾文學
獎。但他拒絕領獎，在當時曾引發很轟動的效應。

沙特說的話雖具有哲學味道，但仍能讓年輕人直接了解其含
義。他認為，遭遇困境時，與其苦惱、悲傷，不如想想自己
能做些什麼，然後盡力而為，努力向前邁進。這才是治療悲
傷的唯一方法。

不要向命運讓步

我什麼都不知道。但願我有勇氣什麼都不知道，敢於正視：
「不管你怎樣，要嘛是一切，要嘛是什麼也沒有，我將一直
走到命運的盡頭！因為只有這個，至少這個是屬於我的：我
的意志。不讓步；直視不眨眼；在前進中死去……」

——托爾斯泰

命運由你自己決定

命運是如何確定的呢？命運並不存在於一小時的決定中，而是建築在長時間的努力、考驗和默默無聞的工作的基礎上。這時的決定大致上是可靠而堅實的，因為它立足於已經取得的成績的基礎之上。這些成績不但是這個如今聽天由命的人在辛勤的青少年時期取得的，而且是在長期的艱苦勞動和耐心等待中取得的。

——托爾斯泰

自救之道

痛苦是免不了的，可是我必須用盡我的一切力量，把自己從一種自我折磨中挽救出來；我絕不能認為我的生命受到了什麼人的忽視，便失去了它的價值。

——泰戈爾

人生的對比

曾經令你忍受痛苦的事，也會帶給你
甜蜜的回憶。

——英國諺語

存在的證明

如果你在受苦，那就應該感謝上帝——因為這是你生命存
在的明確跡象。

——哈伯德（美國作家，1856～1915年）

了解生活

痛苦與歡樂，像光明與黑暗，互相交替。
只有知道怎樣使自己適應它們，並能聰敏
地逢凶化吉的人，才算懂得怎樣生活。

——勞‧斯特恩

選擇

其實有許多痛苦是你自己選擇的。

——紀伯倫（黎巴嫩詩人，1883～1931年）

你可以拋棄它

痛苦，多半是由於人去想它的緣故。

——托爾斯泰

痛苦久了，會變成一種習慣

痛苦不會持久，持久的就不再是痛苦了。

——辛尼加（羅馬教育學者）

推己及人

只有自己親身體驗，才能深切了解他人的痛苦。

——馬克·吐溫（美國小說家，1835～1910年）

你可以輕視它

生活中充滿了大大小小的痛苦，在人
生之路的每一步上，它們都緊隨著我
們，因此很不值得讓我們去對它們的
特別在意。

——雷普利爾

為人處世之道

幽默帶來悟力和寬容，冷嘲帶來深刻且不
友善的理解。

——雷普利爾

承受痛苦，需要力量

承受痛苦，比死亡更需要勇氣。

——拿破崙一世

不必羨慕

不要因為別人交了好運而羨慕他們，因為運氣只是短暫的東西；且等著看他們的結局如何。

——歐里庇德斯

人人都有痛苦

人人都有幸福和痛苦，只不過程度不同罷了。誰遭受的痛苦最少，誰就是最幸福的人；誰感受的快樂最少，誰就是最可悲的人。

——盧梭（法國思想家，1712～1778年）

痛苦的好處

極度的痛苦才是精神的最後解放者；只有
這種痛苦，才能迫使我們大徹大悟。

——尼采（德國哲學家，1844～1900年）

PART 3

人生沒有你想的那麼糟！

當絕望在心中盤旋時，每個人都有不同的應付方式。有人
只遇到一次挫折，就絕望地想從這個世界上消失；但也有
人不論遇到多少次挫折，都會想盡辦法克服。陷在逆境中
的人如何面對自己的人生，這就構成每個人生存價值的不
同。所以，向絕望挑戰是人生無法避免的事實。切記：劃
地自限就是你的大敵！

戰勝敵人

保留自我

一個人不應該因名譽、金錢和地位的誘惑，忽視正義和其它德行。

——亞里斯多德

極限

有人曾經說過這麼懦弱的話：「啊！這已經是我的極限了。」其實，所謂極限，只不過是一個藉口罷了！我覺得很多事物都沒有一定的界限，達到了一個境界後，還可以創造另一個境界。所以，你為何一定要為自己劃定一個界限呢？

——安東尼

勝利終必來臨

不要因為輸了一步棋，就認為已完全失敗。如果能堅持到底，則勝利終必來臨。

——小野五平（日本將棋棋手，1831～1921年）

> 強人獲勝似乎是個常理，但只要我們不去計較力量是否比別人薄弱，而一直堅持到底，那麼勝負不到最後是分不出來的。經過一次、兩次甚至三次的挫折而仍不灰心，你就可以和對方站在同一種地位上，終有一天你能打倒對方，贏得勝利。

戰鬥之心

真正落伍的人，是那些失去戰鬥之心的人。

我們生存在這個世界，就必須永遠保持戰鬥之心。

——中內功（日本實業家作家，1922～2005年）

「放棄」就是自己的大敵

對我來說，最討厭的事就是放棄。有的人因為認定自己會失敗，所以尚未努力就先放棄。然而，放棄就是人類的大敵。我每天不斷地努力，就是要和「放棄」不斷戰鬥。

——北條民雄（日本小說家，1914～1937年）

一直努力不懈

有些所謂的畫家，文章也寫得很好，這種事屢見不鮮。也就是說，一個人不一定只專精一種技藝，其它的事情也可以做得很好。因此，不管面對任何事，都要抱著不服輸的心態去做；不管是作詩、賦詞或烹調，最重要的是：必須努力不懈。能這樣，十年、二十年後，你終會獲得成功。

——山川靜夫（日本評論家，1933年～）

飛揚的青春

當很多人絕望時，年輕人卻仍能抱持著希望。有些人認為
自己有冷靜的頭腦，可以分析事理，所以對於任何事都冷
眼旁觀，仔細加以考慮、計較，因而喪失了熱情和努力。
其實，真正的天才除了不斷努力之外，在遇到挫折時也能
毫不氣餒，跌倒了再爬起來，重新起步，永遠抱持著「不
達目的，絕不罷休」的野心。

年輕人的感覺很敏銳，他們對於人生的一切現象都以樂觀
的態度去面對，從而養成努力不懈的精神。他們對於自己
所處的環境雖不太了解，卻能很快地融入其中，並把自己
周遭的事物融入自己的生活。

在老年人的心目中，年輕人洋溢著夢想的姿態，只不過是
他們不懂世事而滿懷赤子之心的危險現象。但事實上，擁
有熱情，能開創自己新的人生、新的世界……這就是青春
的深切意義。

——河盛好藏

再爬起來就好了

當時我們看到幾個小學二、三年級的女學生在相當傾斜的小徑上走著。我們的成員中有人說：「妳們真是厲害啊！但是，萬一跌倒了，怎麼辦？」當時有一位看起來相當機靈的女孩答道：「叔叔，你問得好奇怪哦！跌倒了再爬起來就好了啊！」

當時我和那位仁兄面面相覷，為之一震。這時，孩子們已平安地走過去了……

「跌倒了再爬起來就好了！」這句話就是年輕人最好的啟示。

——赤尾好夫（日本出版人，旺文社創辦人，1907～1985年）

新的道路

做任何事，都要先立志。縱使會遭遇挫折或失敗，也絕不
可輕言放棄。只遭受一次或兩次失敗就心存軟弱而想要放
棄，那麼做任何事都無法獲得成功。

世事瞬息萬變，一次失敗並非永遠失敗。只要能堅定不
移，抱持著堅強的信念努力不懈，情勢終會轉為有利，得
以開創新的局面。世界上很多失敗都是因為還未達到目的
就放棄了。所以，未到最後關頭，絕不可輕言放棄。

——松下幸之助

敵人也會痛苦

戰爭對敵我雙方都是件痛苦的事。有時，當我們想退卻
時，敵方就已先退卻了。這種事在戰場上屢見不鮮。因
此，在戰場上，我們絕不能忘記戰爭的意義。

——阿南惟幾（日本陸軍大將，1887～1945年）

面對命運

並非天命

若你在不該輸的戰爭中輸了，或是失去了你不該失去的東西，或許你會認為這是天命。但我覺得這並非天命，而是你的做法不對，才會招致這種結果。如果你能改變做法，就不會失敗。

——武田信玄（日本戰國名將，1521～1573年）

堅持信念

當我們無法支持下去之際，就可能因意志薄弱而崩潰。然而，當你產生了這種想法時，仍須堅持自己的信念支撐下去。只要已盡了全力，那怕倒下去也無妨，因為信念能使你振作起來。

——鍋島直茂

盡力而為

凡事一定要盡力而為。即使你這麼做了以後仍然不能把事情完成，也無所謂。

——無名氏

膽小鬼

一個連樹葉都害怕的人，是不敢走進森林的。

——喬治‧威爾斯（英國科幻小說家，1866～1946年）

不要自己嚇自己

人要是懼怕痛苦，懼怕種種疾病，懼怕不測的事件，懼怕生命的危險和死亡，他就會什麼也不能忍受了。

——盧梭

事在人為

有人說：「塞翁失馬，焉知非福。」這種命中注定的想法，我認為不對。我覺得人的命運不是命中注定的，而是你想創造什麼命運，那種命運就會掌握在你手中。也就是所謂「事在人為」。所以，為了創造美麗的人生，就必須不斷努力！

——大山梅雄（日本企業家，1910～1990年）

不斷忍耐

每個人對於現實的命運，都必須不斷忍耐。那麼，一切的真理就會出現。

——梵谷

許多人在力不從心的時候，經常會把一切歸咎於命運的安排。事實上，不可知的命運確實可以左右人的一生。但我們如能不屈服於命運的安排，面對現實，接受命運的挑戰，就能開創出一條光明的大道。

無中生有的人

最具毀滅性、最不可控制的恐懼就是莫名其妙的恐懼。因為，別的恐懼只是沒有理由而已，而這種恐懼卻是喪失了理智。

——辛尼加

存在的事實

跟生活的粗暴打交道，碰釘子，受侮辱，自己也不得不狠下心來鬥爭，這是好事，使人生氣勃勃的好事。

——羅曼・羅蘭

迎上前去

只有鼓起勇氣才是辦法！凡是無法逃避的事，如果光是害怕、著急，那只能算是幼稚、軟弱。

——莎士比亞

勇者

太膽小是懦弱，太大膽是魯莽，勇敢則適
得其中。

——塞萬提斯（西班牙作家，1547～1616年）

激勵

告訴一個人他很勇敢，就是幫助他變
得勇敢。

——卡萊爾（英國歷史學家，1795～1881年）

克服苦惱，逃離絕望

高貴的情操

苦惱可以使人的意志堅強。所以，苦惱也算是一種高貴的情操。

——隆德菲勒

克服苦惱

要克服苦惱，實現聖人之道，必須分為八個步驟——正確的見解、正確的決定、正確的言語、正確的行為、正確的生活、正確的努力、正確的思考、正確的冥想。

——釋迦牟尼（佛教創始人，約前566～486年）

興奮劑

苦惱是活動的興奮劑；而從活動中，我們就可以了解生命的意義。

——康德（德國哲學家，1724～1804年）

才能

苦惱也是一種才能。

——杜斯妥也夫斯基（俄國文學家，1821～1881年）

馬耳東風

我為了解除自己的壓力，把一切雜音都當成馬耳東風，毫不在意，且盡可能不喝酒，一心放在書本上。這樣就可以忘記煩惱。我覺得，最能解除壓力的書是天文學。

——池田松次郎（日本實業家，？）

留下自己的足跡

要在黃昏的沙灘上行走頗為困難。但是，回頭看看那些被浪花拍打的足印一個個留在沙灘上時，你就會發覺，柏油路雖然好走，卻不會像沙灘那樣留下足跡。

——遠藤周作

有位偉大的作家曾説：「所有的過往都會變成一片晴空。」意思就是説，任何痛苦的事、快樂的事，都會隨著時間的流逝而變成美好的回憶。人在活到某一階段時，就會希望擁有一些美好的回憶。如果你希望你的未來也是一片晴空，也能成為充滿快樂的回憶，就必須面對磨煉，不要走在易走的柏油路上，而要走在沙灘上，留下腳印。自己承擔起痛苦並克服痛苦，就可以享受到快樂！

如果想要逃離絕望，就必須戰鬥。但是，應該和什麼作戰呢？首先，要和自己戰鬥，要知道為什麼失敗，為什麼遭遇挫折，然後鼓起勇氣，振奮自己的精神。戰鬥的方法因人而異，但是，為了達到目標，不管遇到什麼樣的困難，都要直面挑戰，以必死的勇氣、奮發向上的意志加以克服。

做事容易，鞭策自己難

當雨季過去，旱季來臨，兵太郎仍在碼頭卸貨。

「每天做同樣的事會覺得很無聊。其實，做事並不辛苦，要鞭策自己不斷做事才是最困難的。」兵太郎對自己這麼說。

——藤本義一（日本作家，1933～2012年）

擔當

人類必須與之作戰的東西，就是人類的痛苦和悲傷。

——椎名麟三

思春期是人類煩惱的時期，人生的理想、戀愛的憧憬等重要問題纏繞在身，雖想替自己開創出一條道路，卻感到困難重重，充滿了挫折感。有個人曾如是說：「人生是不可理解的。」說完這話，此人就在華嚴池中自殺了。但是，仍然有大部分年輕人在遭遇挫折時，毫不氣餒，愈挫愈勇，並能從挫折中吸取經驗，長大成人。

如果絕望是年輕人墮落的深淵，那麼，希望就是把年輕人從深淵中救起的力量。

從手邊的事情做起

每個人都會陷入絕望。絕望到底是什麼？你若因手邊要做的事太多了，不知先做什麼才好，而這些事又都是當盡的義務，無從選擇，就會產生失望、絕望。要從絕望中逃離出來，首先得把自己手邊的事加以處理才行。

——佛拉德史東

不要灰心

若一個人連活下去的力量都沒有，他也不可能自殺，因為他沒有自殺的力量。如果他還能想到自殺，就證明他還有活下去的力量。因此，不要灰心，努力去做，必定可等來成功的一天。

——木拿塔克基

無窮盡的人生

有些人因為對自己、對人生已感絕望,遂全面否定人生。但人生是無窮無盡的,其中蘊藏著無數的真理。我們對於這樣的人生,絕對不能放棄。

——龜井勝一郎(日本文藝評論家,1907～1966年)

著有《人生論》、《無常的愛》的作者龜井勝一郎,他以個人特有的論點認為——「人生是一段旅程,人則是在旅程上行走的旅人。」人生是漫長而深遠的,絕不可能只有一條道路通往目的地。你若在年輕時就對人生抱持放棄的態度,那你所剩的人生將沈溺在絕望之中。每個人的生存方法依不同的年齡而有所差異,年輕時期、中年時期和老年時期各有不同的生活方式。所以,絕不能把生活陷入失望之中而加以否定,否則你的人生也將變得毫無意義和價值。

強烈的快感

從絕望中能感受到灼痛般的強烈快感!尤其是當你遇到的痛苦相當深切時,你的感受就會更強烈。

——杜斯妥也夫斯基

絕望的本質

任何事都有開始和結束，怎樣的開始，就有怎樣的結束。所以，在途中，你不用哭泣，也不用歡喜。

任何人都不會有兩次絕望。因為你不能有兩次絕望，如果你認為自己有第二次絕望，那麼，之前你根本就沒有絕望過。

——木拿塔克基

如何與絕望戰鬥？

面對死亡

任何人都免不了一死，而且一生只能死一次，絕不可能有第二次死亡的機會……如果能這樣想，那你就會心平氣和了。人死了，不可能再復生。你一定要珍惜你的生命，從絕望中站起來，面對一切挑戰。

——菅原義道（日本宗教家，1915年～）

輝煌騰達

你若有十分力量，儘管只須運用九分力量就能獲致成功，我仍希望你能用盡全力。不要吝惜那最後的一分力量。因為你如盡了那最後一分力量，也許更可以輝煌騰達。「輝煌騰達」這句話實在很好，我真喜歡它。

為了使你自己達到輝煌騰達的境界，你要盡全力而為。

——矢澤永吉

等待時機

蟄伏也算是一種沈靜的戰鬥。

——早乙女貢

牽牛花

有一個政治犯在監獄裡服刑，數年之後，變成廢人一般，身心俱疲，對於人世間的一切都不再抱持希望。在監禁他的牢房窗口，有一盆被遺忘的牽牛花。這盆牽牛花因為照射不到陽光，也無人澆水，已經快要枯萎了。一朵花枯萎後，另一朵花卻開了，但最後這朵花仍因缺乏雨露的滋潤而枯萎。就這樣，一朵朵小花相繼枯萎，直到這盆牽牛花完全乾枯……

犯人看到這些花，不禁對自己說：「連花草都盡自己的全力，不到最後，絕不放棄自己的生命，盡自己生命的本分，更何況是一個人呢！我怎麼可以輸給這些花草？」

於是，他開始不斷反省，並再次對人生燃起光明的希望。

——赤尾好夫

打起精神

勇氣可以使懦弱的人打起精神！對一個人而言，二十五歲是一個可以做任何事的年齡。所以，千萬不要留下悔恨。
——貝多芬（德國音樂家，樂聖，1770～1827年）

力量泉源

縱使希望會逃走，勇氣卻是逃不走的。
希望有時會欺騙我們，勇氣卻是力量滋生的泉源。
——布堤威克

大智若愚

要使自己看起來很愚蠢，需要大智若愚才行。這一點是我們所欠缺的，必須具有某種勇氣才能辦得到。
——紀德（法國作家，1947年諾貝爾文學獎得主，1869～1951年）

無法掠奪的

惡運可能會掠奪我們的財富，但它絕對奪不走我們的勇氣。

——辛尼加

獨自生活

如果可能，一個人獨自生活也不錯。不過，要獨自生活，首先得離開眾人而獨居。看看四周，你就會發現，群居在一起的人，有的目光短小，有的喜歡蜚短流長……在這種情形下，連呼吸都會感到困難，更何況有的人還互相輕視對方、算計對方。這樣的話，群居又有何意義？

我覺得最自由、最獨立的人就是藝術家。為什麼？因為他們擁有獨特的生活方式，就算要他們離開眾人而獨居，他們也不會感到痛苦。獨居的生活造就了他們強烈的個性及獨特的作品，使他們的藝術境界更加遼闊……

——丸山健二（日本小說家，1973年～）

不斷努力求進步

不是做不到，是做不夠

「沒辦法了，就是這樣子，我已經盡力了！」我希望你不要說這樣的話。你應該想到自己做得還不夠，不管怎麼做都不夠。若你能這樣想，並且專心一志、毫不懈怠地努力，必可獲得報酬。

——大山梅雄（日本實業家，1910～1990年）

一馬當先

與其坐著思考，不如一馬當先去做。只有從生活的過程中，你才可以了解生命的意義與價值。

——土光敏夫

面對一切挑戰

生命的真正意義並不是要去迎合環境，過著安逸的生活。我認為，所有的成功都是由絕望中產生出來。即使事情的發展超乎我們的想像，我們仍要繼續戰鬥下去，接受任何挑戰。這才是人類生存的真正意義。

——岡本太郎（日本視覺藝術家，1929～1996年）

不要服輸

攻擊也是一種生活的手段！心中絕不要存有服輸的念頭，要按照道理，用自己的方式去達成目標。不要放棄，也不可停下！因為你要做的事還多著呢！

——矢澤永吉

克服壓力

每個人心中或多或少都會有壓力，若能加以克服，就會有所進步。

——山本五十六（日本海軍司令，1884～1943年）

進步

一個人從反省和改正中，就能使自己改善並獲得進步。如果認為自己的所做所為都是對的，那他就再也不會有明天。

——真藤恒（日本實業家，1910～2003年）

所謂改善，通常都是伴隨著破壞而產生。若發現自己過去的價值觀是不對的，而加以反省、改正，則首先就會破壞自己的想法，卻能因此使你產生新的想法，形成新的價值觀。最怕的是，如果你一直認為自己是正確的，並且深信不疑，那就不會有破壞和創造，更談不上改善了。冥頑不靈的人是沒有明天的！

執著

我們每個人都應將自己的人生變得多彩多姿，極富趣味才行。人類的能力基本上相差無幾，只要想做，任何人都可以做到。因此，我們每個人都要常保「只要去做，凡事都能成功」的信念。

——中內功

時運不濟的時候

受到命運的擺布，每個人都有不同的命運，有的人受到幸運女神的眷顧而榮耀滿身，有的人卻受到命運的捉弄，幾乎崩潰。這是個悲喜交集的人生。但無論如何，我們絕不能受命運的擺布，像河水中的枯葉般，毫無人生之樂趣。命運是個見不到的敵人，若讓它擺布你的一生，你終將成為失敗者！

——佚名

危險只是一個名詞

對危險的懼怕，要比危險本身更可怕一萬倍。

——笛福（英國小說家，1660～1731年）

競爭的對手

若你希望自己的人生饒富趣味，就必須製造一個競爭對象——一個能讓你勝利或失敗的對手。在兩人相互競爭的過程中，你就能成長，了解勝利的滋味或嘗到失敗的辛酸。這才是有趣的人生。因此，你必須找到一個能夠與你競爭的對手。這是男人一生中最重要的事！

——佚名

害怕的真面目

害怕，是我們唯一應當害怕的東西。

——羅斯福（美國第32任總統，1882～1954年）

無的境界

能夠一無所有，才能像神仙一樣。所需求的愈少，就愈近
於神仙，神性就愈完善。

——蘇格拉底

害怕是心魔

只要下定決心克服恐懼，便幾乎能克
服任何恐懼。因為，請記住，除了在
腦海中，恐懼無處存身。

——戴爾・卡耐基

無懼的理由

如果災難沒有出現，那我們的恐懼是徒勞
的；如果災難已經發生，那恐懼只會增加
我們的痛苦。

——富蘭克林（美國政治家、科學家，1706～1790年）

名利之道

凡好名好利的人，一定要有智識與理想為其引道，方能得
到真切的快樂。

既有如是之引導，則名利與智識皆能各得其宜，各盡其
事，而最高最真之快樂自能不求而自至。

——柏拉圖

人生的風險

潛水者若是想著鯊魚的巨口，就絕不
可能採到寶貴的珍珠。

——薩迪（中世紀波斯詩人家，1184～約1283年）

改革者的本色

有理性的人使自己適應這個世界；無理性的人硬要這個世界來適應他。因此，一切進步取決於無理性的人。

——蕭伯納（英國劇作家，1856～1950年）

勇者的形象

真正勇敢的人，應當能夠智慧地忍受最難堪的屈辱，不以身外的榮辱介懷，用息事寧人的態度避免無謂的橫禍。

——莎士比亞

事實並沒有想像中可怕

恐懼離我們尚遠的時候，我們感覺到它；而當它真正臨近了，也就不感到那麼可怕了。

——拉封登（法國詩人，1621～1695年）

靠自己的力量衝破難關

大將之材

一個將領必須能夠為戰爭的必要事項進行準備，他必須能為部隊取得糧秣，必須是一個足智多謀、精力旺盛、謹慎懂事、堅忍不拔又精明強幹的人，和藹而又嚴峻，坦率而又狡詐，善於警惕又巧於偷襲，揮金如土又貪得無厭，慷慨大方又錙銖必較，審慎周詳又大膽進取。

有許多別的品質，有的是天生的，有的是學習得來的，然而，它們都是一個想當將領的人所必須具備的。當然，懂得戰術也是好的，因為陣勢嚴整的軍隊和烏合之眾是大不相同的。

──蘇格拉底

朝氣

我們的敵人能夠帶給我們活躍的朝氣。

──華雷

要成為人上人

人類，尤其是男性，往往會裝作很脆弱，覺得自己很痛苦，痛苦得快要死去；卻又覺得死亡更是一件痛苦的事，而不甘心死去。這樣做雖能博取別人的同情，但想從自己的痛苦中獲得解脫，仍須靠你自己，別人無法幫忙。如果不能從自己的痛苦中走出來，你就永遠不能成為人上人。

——石原慎太郎

事在人為

事在人為。凡事只要勇敢去做，就能成功。

——武田信玄

開創道路

如果你終日沮喪，那就什麼事都做不成了。你要知道，路是必須靠自己開創的，只要你想去開創，就能為自己開出一條大道來。反之，你若不能這樣想，那麼，做任何事情都必然無法成功。

——田中正造（日本政治家，1841～1913年）

面對現實

當你站在現實這面大牆壁之前，你會想辦法去推測這面牆壁的厚度。其實，當你在思考它的厚度時，還不如用你的身體把它推開！也許你認為這座牆像銅鐵般厚，但實際上它可能只不過是用紙糊的……

——中內功（日本實業家作家，1922～2005年）

人生的原動力

不知道你們是否了解我的話？在人的一生中，都擁有推動自身前進的原動力。這個原動力是要靠自己創造的。沒有原動力，你就無法走完整個人生。

——朱貝里

百折不撓

自信是成功的祕訣，空想則是失敗的根源。所以，一旦你選擇的是必得成功的事業，那你在一開始就要不怕艱難、百折不撓、勇往直前，不成功絕不停止。

——岩崎彌太郎（日本明治時代紅頂商人家，1835～1885年）

適應變化

我一向都很討厭在同一個標準中，以同樣的方法做事。若不能不斷地向新事物挑戰，我就會坐立不安。這種個性使我到目前為止，仍能很自然地接受新的嘗試。

要走在時代的尖端，不是用頭腦去想就做得到，最主要還是得身體力行，而推動自己身體力行的原動力則是青春。尤其是現在，事物的變化都非常快速，不管在任何工作崗位上，身為一個領導者，都必須很快地適應變化。

——村井邦彥（日本作曲家，1945年～）

要有必勝的信念

不管是商業上的競爭或與人爭執，都要抱持著必勝的信念。有的人卻考慮到自己的能力，認為自己無論如何都戰勝不了別人。如果有了這種見解，那就相對地也約束了自己的能力，使自己無法盡情發揮。然而，如果你自認為「是個男人」就可以任性而為，這種想法和做法也不行。總而言之，就是絕對不能服輸，不可因為害怕失敗就不去做。要想到怎麼做才能獲勝，才算是具備了戰鬥觀念與獲勝的能力。

——細野邦彥（日本電視導演、製片人家，1934年～）

潛在能力

要不斷行動！若什麼都不做，你的潛力絕不會在某一天突然出現。

——勝沼精藏（日本名醫，1886～1963年）

利用情勢

精通兵法的人並不在乎兵的多寡，因為他善於利用情勢。
像伴隨著音樂而唱和一般地循序漸進，最後的勝利必定屬
於你。

——太田資長（日本室町時代武將家，1432～1486年）

打贏眼前的一仗

武田信玄的兵法認為，想獲得最後的勝
利，最重要的就是佔領許多國家。我卻不
認為如此。我不認為去佔領別人的國家，
就能獲得最後的勝利。我認為最重要的應
該是——先打贏眼前的一仗。

——上杉輝虎（日本戰國時代名將，1530～1578年）

輝煌的勝利

戰事越慘烈，獲得的勝利也就越輝煌。

——培恩

勝負不可依靠時運

「勝負要靠時運！」有這種想法的人，絕不可能訂定出詳盡的計畫以獲致勝利。功名雖是武士所渴望、所追求的，但應該抱持著正確的觀念，使用正確的方法去追求。目前這些人所獲得的功名，實際上只是以未經思考的謀略以及一時的衝動所獲得的功名。真正想雄霸一方的大將絕不願擁有這種功名，因為將自己陷於險境而不顧的人，必定不可能獲得許多彪炳的功名。

──織田信長

創造對危險的熱情

危險能延續熱情

若想要使熱情持續不斷，就必須面對危險。這就好像戀愛的熱情一冷卻下來，就會想到安定。對人生的熱情失去光彩，就是失去危險的時候，於是革命便將一種危險的油料注入我們的熱情之中……

——遠藤周作

人生就像航海一樣，有時會遇到最風，有時會碰到暗礁。但是，你若能在嘗到失敗的滋味後，從痛苦的深淵中重新站起來，那你就能找到自己的真正目標、正確航路。若你能經歷大風暴，並了解風暴的恐怖，就能學到克服風暴的技巧，以及得到比羅盤針更強韌的毅力。如果你的一生一帆風順，那麼在仔的人生中就什麼都得不到，也不能留下些什麼……

不屈不撓

我最大的光榮不是沒有經歷過失敗，
而是跌倒了能再爬起來。

——戈德史密斯（愛爾蘭作家、醫生、詩人，1728～1774
年）

苦惱的經驗

如果到目前為止，都未曾嘗過真正的苦
惱，沒有經歷過大失敗，沒有受過任何打
擊，那麼，這種人是沒有用的。

——希爾提（瑞士法學權威、教育思想家，1833～1909年）

每個人在成長的過程中，一旦對父親、老師或偉人所產生的
尊敬和信賴感崩潰，偶像被破壞了，就會覺得很氣憤。這就
是希爾提所說的苦惱。

被譽為世界最佳心理小說的《追憶似水年華》，其作者，法
國作家普魯斯特曾說：「人經由征服苦惱而忘卻苦惱！」

每個人成長的過程中。都曾受過苦惱的折磨。普魯斯特所說
的這句話，意思就是：「人生就是自己和苦惱的戰鬥。所
以，經由征服苦惱，就能忘記苦惱。除此之外，不管你用什
麼方法，都不能將苦惱擺脫。」

能受煎熬，也能被踐踏⋯⋯

能受煎熬，也能被踐踏、被撕裂的這個叫「我」的東西到底是什麼呢？不管擁有什麼，若缺少了它就無法滿足；不管缺少什麼，只要得到它就能產生滿足⋯⋯這個東西又到底是什麼？

——木拿塔克基

神佛都是存在的嗎？

即使爭執激烈，甚至扭打成一團，也不服輸，這就是「禪道」；即使到了地獄，也要把小鬼拉來當僕人，這就是「禪道」；不管是否有神佛的存在，只要是自己想做的事，就任性而為，放手去做，就算是作戰也要戰到最後一刻，過者無悔的人生⋯⋯這就是「意氣飛揚的禪道」。

——菅原義道

別害怕失去

因害怕失去而放棄自己所需之物的人，是無理而可悲的。

——布魯達其

失敗是成功的基礎

若說我現在成功了，那麼我的過去就是由失敗堆積起來的。失敗就是我成功的基礎，工作則是所有失敗的接續。

——本田宗一郎（日本本田工業創始人，1906～1991年）

遇到困難，能生出力量

「希望不要遇到困難，因為它會阻擾成功！」有人曾這麼說。但事實上絕非如此。因為人類是在碰到困難的時候，才能產生新的力量。

——麥加

決定命運及人生的時刻

每個人在一生中，一定會有一次面臨決定自己的命運和人生的時刻，只要能渡過這一剎那，未來就會完全改觀。

——遠藤周作

病後調養

將成功當成是下一次成功的起因，將失敗當成是下一次成功的墊腳石。這兩句相反的格言，就好像病後需要調養，均具有共通的真理。

——土光敏夫

了解忍耐的重要性

以抵抗換取自衛

青年時代就算有不滿，也不可悲觀，而要以抵抗保衛自己。在遇到墊腳石時，一定要踩在上面才能通過。但是，如果你不需要墊腳石，那你就不應該任意踐踏它。

——魯迅

堅持到底

如果能堅持到底，就能確信必定有見到曙光的時候。

——金森政雄（日本三菱重工業社長，1912～2001 年）

偉大的人物幾乎都有著堅持到底的決心，遇到困難，絕不放棄，所以最後總能找出解決之道。對於企業的經營者而言，目前最欠缺的就是堅忍不拔的毅力。

如何忍耐？

重要的不是要忍耐什麼，而是如何忍耐。

——辛尼加

為了征服

為了征服，就必須忍受委屈。

——庫巴

擁有野心的人靠力量戰勝別人是當然的事。但是，光憑武力就想要獲得真正的勝力，是相當困難的。有時候，我們會遇上比自己力量大的敵人，從而嘗到失敗的辛酸。但在此時你若能不氣餒，即使受到委曲也不喪失信心，總有一天，你一定會得到打敗敵人的機會。年幼時曾被當作人質的德川家康，其後在織田信長、豐田秀吉的麾下為臣，他一直默默地等待機會，最後終於成就了平定天下的霸業。

要有忍耐痛苦的勇氣

忍耐痛苦比面對死亡更需要勇氣。

——拿破崙（法國皇帝，1769～1821年）

忍耐的果實是甜美的

在你的心田中種植忍耐吧！根雖然是苦的，但其果實將會是甜美的。

——珍・奧斯汀（英國小說家，1775～1817年）

憤怒會遭致殺身之禍

不管做任何事，都不可以忘記「忍耐」兩個字。曾經有一個故事說：「有一個叫韓信的人，年幼時家境貧窮，曾被迫從他人的胯下爬過去，受到莫大的恥辱。但他仍然忍耐下來，後來終於當了漢朝的大將軍，獲得成功。」此外，也有許多「因一時的憤怒而遭殺身之禍」的例子。

——武田信繁（日本戰國武將，1525～1561年）

忍耐到底

即使我滑落到谷底，也要忍耐，一心一意往上爬……

——戴爾・卡耐基

掌握命運

諸君擔任指揮官時，千萬不要心存猶豫，要給部下從容就義的機會。死只不過是人類由進來的門再走出去而已，沒有人知道自己是從哪個門走進來，因此，也沒有人能對死亡埋怨。

我們的命運是注定的，但在遵從自己的命運以前，要先了解自己的命運。因此，我們需要努力地探索自己的命運。有時我們幾乎有一、兩次機會可以掌握自己的命運，卻因太忙或沒有立刻去做，錯失了掌握命運的機會。我們一定要很有耐性地瞭解自己的命運，進而掌握自己的命運。

——喬治・巴頓

攀登難爬的高山

為了能獲得最高的知識，必須去攀登所謂「難爬的高山」。雖然並無寬廣的大道可以通往山頂，但就算蜿蜒的小徑如何曲折，我也要爬到山頂。

——海倫・凱勒

只要忍耐，一切都會好轉

現在正是艱難時期，在事情好轉以前，也許我們還會經歷到更惡劣的情況。但只要我們不斷地忍耐，我深信事情終有好轉的一天。

——邱吉爾（英國政治家，1874～1965年）

二十世紀的軍事家邱吉爾，於西元一八九九年（二十五歲時）在英國保守黨推舉下，參加議員的增額選舉，卻落選了。不過當時他若當選了也許就不會有日後的成就。

一八九九年十月，英國對南非的布爾人宣戰時，邱吉爾是隨軍記者，他在一次布爾人的襲擊中被逮捕。同年十二月，他逃了出來。經過了十幾天的躲躲藏藏，最後才回到自己的國家。那段經驗，使他了悟忍耐的重要。他知道，只有忍耐，才能見到希望。在邱吉爾的自傳中有一段名言：「堅持下去，並不是我們真的足夠堅強，而是我們別無選擇。」

帶著愉快的心情跑步

不要認為馬拉松是一件很痛苦的事，要帶著愉快的心情去跑。

——中村清（日本陸上競技教練，1822～1895年）

忍耐，可以戰勝一切

真正的藝術家，凡事不斤斤計較，一切處之淡然，他的成熟就好像樹木一樣，任由樹枝在自己的身上攀爬也不拂去，悠然地佇立在春天的暴風雨中，不在乎夏天是否會來臨，也不會惶恐不安。

夏天終於來了，但夏天是個永無憂愁的仙子，安安靜靜地看著耐力很強的人橫躺在眼前，默默地等待。這是我每天觀察得來，我從痛苦中所得到的經驗。我很感謝痛苦的磨難，因為它使我了解到忍耐可以戰勝一切。

——里爾克（德國詩人，1875～1926年）

忍受屈辱

現在的年輕人最欠缺的就是忍受屈辱的訓練。沒有受過這種訓練就進入社會，便會認為自己的所作所為完全正確。

——遠藤周作

痛苦是成長必須的養分

將勞苦當成老師

年輕時不曾飲過苦水的人，他的成長速度
會很慢。我一向將勞苦當成自己的老師。
人類未經勞苦，就無法很快地成長。

——山本有三（日本小說家，1887～1974年）

災難是試金石

災難是測驗人類的試金石。

——布雷加

青春時期的愚昧

青春時期不曾擁有種種愚昧的人，到了中年時期，也不會
得到很大的力量！

——可林茲

不幸是偉大的老師

好運是優秀的老師，而不幸則是比好運更偉大的老師。

——哈茲里特（英國作家、評論家，1778～1830年）

人生的成功與幸或不幸之間，是個很有趣的糾葛。得到好運，常能順順利利地獲得成功。但是，有的人雖然運氣不好，卻能將不幸當作墊腳石而得到成功。德國的大音樂家貝多芬就是這樣的人。他年少時就被喻為天才而受到矚目，但因母親早逝，父親又沉溺在酒精中，因此他背負著養育弟妹的重擔。在他三十歲工作最起勁的時候，又因得到耳疾而苦惱不已。對一個作曲家而言，耳朵不好是一個致命傷。他曾想自殺並寫過遺書，但後來他把這種不幸當成偉大的教師，不斷砥礪自己，終於克服了這種苦惱，致力於創作。他的許多代表作就在此時完成。由此我們可以體會，不幸是飛躍的彈簧。

遭受苦難時絕不動搖

遭受苦難時絕不可動搖。這一點，我們可以從真正值得讚賞，表現卓越的人物身上得到證明。

——貝多芬

幻想產生毅力

一個人遇到不幸，只有用希望安慰自己，而多少也有些道德的推論，把希望寄托在空中樓閣上面，往往就可以得救。很多人把建築在幻想之上的信心當作毅力。也許希望就抵得上一半的勇氣。許多弱者不就是靠著希望支持，才能定下心來等待時來運轉嗎！

——巴爾扎克

敵人也有痛苦的時候

當我們覺得很痛苦時，敵人也會很痛苦……如果你能這麼想，就不會白白讓痛苦折磨自己，瞭解沈溺於痛苦中毫無意義，必須穩定地向前走，使你的鬥志燃燒得更旺盛。

——瀨吉利彥

努力抓住希望

我們並不是生來就很偉大，有時盡了全力卻仍遭遇失敗，再站起來，又失敗；想抓住些什麼，卻什麼都抓不到，得到的只是空虛和朝露般的幻滅……但儘管如此，我們絕不能氣餒。

我總覺得自己想要些什麼，總覺得自己有夢，並朝著我的夢前進，因此儘管我的希望再小，只要我努力去做，仍能抓住它。我不相信一個人在一開始就能大徹大悟，完全了無欲望。如果說有這樣一個年輕人能這麼想、這麼說、這麼做，我絕不相信。為什麼？因為在尚未去做以前，就能了解到頭來都是一場空，那是不可能的。

——安東尼

遺忘也是一條路

遺忘是一般剛強且有創造力之人的法寶，他們會像自然界一樣，善於遺忘。自然界並不知道有什麼過去。弱者不是把痛苦作為懲前毖後的教訓，反而在痛苦中討生活，浸在裡頭，天天回顧以往的苦難，折磨自己。

──巴爾扎克

以樂天派的精神乘風破浪

行為是習慣使然

同樣的行為,產生同樣的習慣或性格。

不同的行為產生不同的性格。一個人自幼所受的訓練,與他人如有所不同,那麼後來所形成的差別便會更大。

——柏拉圖

令人驚訝的樂天主義

一談到樂天主義,往往就會令人想到這個人可能是好脾氣的人,或凡事都以較輕鬆的態度處之,或是個白痴、低能兒……樂天主義真是個令人驚訝的東西呀!

擁有樂天思想的人,就是死到臨頭,也不會改變他那一貫堅持的人生觀。樂天的人認為人都是美好的,大自然是美好的,所有的東西與生俱來就是美好的,甚至認為死亡也是一種美好的事物,生病也是美好的……就像這樣,他肯定地認為世上一切都是美好的,肯定、肯定,絕對地肯定。

——紀野一義(日本宗教家,1922~2013年)

樂天主義

我所抱持的主義就是 —— 當天的事情過完，當天以後就可以忘記。如果一件事當天無法處理，而一直煩惱到第二天，那麼第二天的戰鬥就會失敗。

把自己一天的辛勞忘記，聽聽和尚或藝術家細訴浮生若夢之類的傻話，沈沈地睡去，忘記工作和一切煩惱的事，第二天早上便能神清氣爽，頭腦清晰地產生新的構想。

——五島慶太（日本明治時代實業家，1882～1959年）

順勢而為

我們要作戰。然而，最難纏的敵人就是自己。

逆流而上是沒用的。反之，若能隨波逐流，無論再怎麼弱小的人都能到達港口……

——塞萬提斯（西班牙小說家，1547～1616年）

帶著微笑前進

人生並不是完美無瑕的，就像鋼琴、小提琴這種樂器，也不能算是很完美的樂器。只要你能敲響人生的進行曲，就能征服死亡，而歡喜世界的門也就永遠為你而開，你也不可能沒有勇氣進入門內。不要急著想死，也不要因為恐懼死亡而活著。人生充滿樂趣，人類的精神無限寬闊，美的世界也廣大無邊。難道你不這麼認為嗎？死算什麼呢？帶著微笑前進吧！像個男人一樣，勇敢地前進吧！像個女人一樣，滿懷著愛前進吧！只要你能敲響人生的讚美曲，你就能在這個人生中悠哉悠哉地向前進。

——武者小路實篤（日本小說家，1885～1976年）

藉著歡笑，讓煩惱隨風飄散

針對問題的焦點，把事物好好地考慮一番吧！至於無聊的煩惱，就讓它藉著歡笑隨風飄散吧！藉著歡笑，把煩惱趕跑，並不是不可能的……

——戴爾・卡耐基

靈魂的力量

「失去即是獲得。」我喜歡這句樂天的話。失去了許多東西，經過了所有的苦難，仍然無法得到安樂的生活，卻仍不絕望的人，和經常抱持著平淡的心過活的人，是真正了解人生之道理的人。

經歷過苦難的人能將重重的苦難打破，不會變得卑微、膽怯或貪欲。他能擁有靈魂的力量，成為真正的人生導師。人的靈魂的力量在經過無數次克服苦難的經歷之後，便能夠迅速成長，再次和即將來臨的苦難對決。

人類生存的真正價值就是發揚自己靈魂的力量，並從不斷的作戰中發現靈魂更偉大的力量。在與苦難作戰中就能得到靈魂那偉大的力量……這一點我深信不疑。

——徐俊植寫給母親的信（旅日韓國人，著名的社會運動
　　家，1948年～）

生存的意義

一個人縱使沒有主見，也仍有生存的意義。

——電影《輝光燈》

時間能夠解決一切

時間能夠解決很多事情。所以,你今日的
煩惱,也一定能用時間解決。

——戴爾・卡耐基

宇宙的奇蹟

宇宙所擁有的世界上最珍貴的奇蹟,
絕對不能讓它消逝。星星就是一種奇
蹟。不過,它只能在空中盤旋……

——電影《輝光燈》

不斷更換自己的想法，超越逆境

挖掘泉源

在你自己站立的地方向下挖掘，一定可以
看到泉水湧出來……

——高山樗牛（日本作家，1871～1902年）

拋卻雜念

如果心虛，本性就會表現出來。
拋卻雜念，清心寡欲，才能處理好事情！

——孫子（中國兵聖，年代不詳）

閉上眼睛，可以看見

將你的眼睛閉起來吧！你將可以看見
自己……

——沙摩爾・巴特拉

野馬精神

我是個不知天高地厚也不太關心別人的任性記者，若說我還有什麼值得稱道的話，那就是我的耿直。對於不知道的事，我絕不會裝作知道。但若有我不知道的事，我就會趕快去尋找資料研究它。若我注意到法院的事，那我就會去向別人借法院構成法或刑事訴訟法的書來努力研讀，充實自己；如果我注意到自然科學方面的事，我就會立刻去買有關這方面的書來看……這種旺盛的野馬精神和好奇心，是我成為採訪記者的最重要的條件。不過，我這個記者只介於職業和業餘之間。

有一句話說：「初心一生。」我想，這個「初心」就是對於凡事剛開始時的一種新鮮感吧！

總之，我就這樣勉勉強強地當上一個記者，一直持續到現在。算一算，我當記者已經有三十多年了。這真是個很危險的工作。當我在朝日新聞社任職時，曾有三、四次遞出辭呈，卻都失敗了。碰到氣餒、失望時，前輩、同事們都會安慰我，替我打氣。如果說我今日果真有一些成就，那都是這些人所帶給我的。因此，對於年輕人來說，我也努力做一個好前輩。

——扇谷正造（日本評論家，1913～1992年）

抱持憂患的心，獲得有利的情勢

兵家之爭，最難的是繞道而行，以求得真正有利的情勢。
要坐擁憂患，才能取得有利的情勢。欲速則不達，凡事要
臨機應變！

——孫子

　　孫子認為兩軍交戰時，所爭的就是如何獲得有利的情勢。商
業上的競爭也是這樣。企業所需要的不是烏合之眾。必須團
結起所有的人，才能使企業更加繁榮。
　　即使是企業間的競爭，也是欲速則不達。在商業戰爭中，就
如兵法中所說，採取迂迴戰術要比用直接的方法更為有效。
有時我們會憂慮所採用的方法將引起災難，但相反地，它卻
有可能帶給我們有利的情勢。
　　孫子兵法中，「風林火山」的意思是——疾如風，靜如山
林，發動攻勢時像火般猛烈，靜止不動時又像山一般屹立不
搖。進而言之，隱藏時要像黑暗般不為人所見，行動起來要
像雷鳴般聲勢嚇人。
　　攻擊時，移動像風一樣快速，等待時機時，像山林一樣沈
靜；攻擊時，氣勢如火一般猛烈，碰到任何危險，要像山一
樣穩定不搖；隱藏時要像在黑暗中般，讓人捉摸不定，行動
中要像迅雷般行動威猛……希望你們能好好地玩味這些話的
含義，隨機應變。

自我的本質

如果沒有自我意識的存在，那就是失去了自己。想要不斷地認清自我的，大概就只有人類了。但仍有些人不能了解自我的真義，認為自我這種應該存在的東西實際上是不存在的，而時時在內心深處反省自己究竟是為何而來。

實際上，我們應該知道，許許多多東西都是被創造出來的——丈夫是被生出來的，妻子也是被生出來的，甚至父母親、子女都是被生出來的。創造生物的力量，歸根究柢，是一種遙不可及，無法了解的存在。因此，我們不得不承認，我們是被神佛所創造出來的……這就是一種覺悟。而因此，我們也創造了一種神佛的世界。

如果沒有生生死死，不斷循環的情形出現，就不會產生所謂的輪迴，也就不會使人迷惘，更不會有生死輪迴中所出現的「怨恨」、「敵意」、「憤怒」等東西了。有些人在死的時候會說：「就算死了，也沒完沒了！」那是因為他知道生死會有輪迴。因此，我們在將死的時候，必須把一切淡然視之，對於自己所創造出來的人、事、物，都應當帶著感謝的心才行。

──紀野一義

向危險反撲

人的一生中不可能只遇到一次危機。最重要的是，當你第一次遇著危險時，應該如何處理。遇到第一次危險就逃開的人，日後面對其它人生的危機時，第一件想到的事仍然是逃開。這種人是被打倒的人，他的行為是怯懦的。只有能英勇地站起來反撲回去的人，才擁有向下一次危險挑戰的勇氣。

——佚名

窮則變，變則通

人類是窮則變，變則通的動物，手不夠用時就用腳，再不夠用，就用牙齒去咬住。這樣一來，參加任何比賽都能成功。

——力道山（日本摔角之父，1924～1963年）

友誼的試金石

富貴固然和友誼的好壞無關，但貧窮卻能考驗友情的真假。

——莎士比亞

聽天由命

向左還是向右？該前進或是後退？在人生的道路上有許許多多分歧點，你的選擇將會改變日後的人生。當你站在人生的歧路上，不要因無所適從而感到煩惱，因為無論你再如何考慮，也無法找出結論，只能碰運氣、聽天由命地去做做看……人的一生就是從行動中找尋結果！

——佚名

做一個體面的人

一個人的行為舉止、風度儀表是展現一個人外在魅力的主要方式之一。優雅的行為舉止使人風度翩翩。

——塞繆爾·斯邁爾斯（英國社會改革家，1812～1904年）

因果的道理

在快樂或悲傷的時候，都要保持「凡事無常」的平淡心情。也就是不論感到快樂或悲傷，都要考慮到「因果循環」這個生死的定理。

——北條家訓

千鈞一髮之際

已經沒有辦法了，當人類到了四處碰壁，一籌莫展時，能走的路大概只有兩條了：一條就是逃開；另一條則是面對它，重新開創自己的道路。當然，對一個男人而言，與其逃開，不如重新開創自己的道路。因為如果逃開，等你重新開創道路，遇到挫折時再逃開也不遲。實際上，也有些人就是因此而得以重新開創道路。這種人是很堅強的。以我們的常識判斷，每個人都有一種連自己都無法相信的潛力，往往在千鈞一髮之際，就能將潛力發揮出來，開創出新的道路。

——佚名

愉快人生

真正的幽默是屬於這樣一類作者的特
徵：他做出一副嚴肅認真的樣子，一
面卻給事物抹上一層使人愉悅發笑的
色彩。

——亨利·霍爾姆（美國人類學家，1846～1933年）

只要保持平常心

一棵樹不會處心積慮地想到它所結的果實。假如有一種樹
因為想結成燦爛的果子而耗盡心血，以致枯萎，那將是一
個怪物。它必須在愉快的和平中滋長，完全浸沉在它生命
奔流的歡樂脂液中；它不怎麼關心所結的是什麼果實，然
而它將只結美好的果子，假如它的樹種是美好的，假如它
的根扎在沃土中。

——托爾斯泰

孤獨的人

得不到友誼的人是終身可憐的孤獨者。沒有友情的社會則如一片繁華的沙漠。因為那種樂於孤獨的人，其性格不是屬於人而屬於獸。

——培根（英國哲學家，1561～1626年）

幽默是人生潤滑劑

幽默是人的情感的自然流露，直接聯結在對方的本性上，它可以像潤滑油一樣滋潤人生。

——池田大作（國際創價學會會長，1928～）

幽默的智慧

幽默來自智慧，惡語來自無能。

——佚名

無傷大雅

俏皮話就像練劍用的鈍刀子，怎樣使用也傷不了人。

——莎士比亞

幽默與嚴肅

幽默是藏身於笑話之後的嚴肅。

——韋斯

給別人留餘地

世界上任何一個真正偉大的人，他們都善於讓失敗者保住面子，絕不會浪費時間去陶醉個人的勝利。

——戴爾·卡耐基

人生的醫師

幽默是最好的醫生。

——彼得

隨心所欲

人的舉止應該像他們的衣服，不要太窄或設計得太特異，但必須不拘束或不妨礙行動。

——培根

輕鬆人生

幽默是一個人在社會中所能穿著的最好的衣服之一。

——薩克萊（英國小說家，1811～1863年）

高等幽默

所謂幽默，是到口的肥鴨竟然飛了，
還能一笑置之的人。

——休斯

PART 4

女性是最美好的存在！

太陽伴隨著月亮，有黑夜，一定有白天，有男人，一定有女人。白天和黑夜是兩個不同的存在，男人與女人也一樣，在這兩個主人翁之間存在著哀愁、苦澀、歡笑、幸福……等感情的旋律，而這場演奏會就叫——人生。對男人而言，世界上絕對無法取代的東西就是那美好的存在，它的名字叫作——女人。

女性的魅力

美本身就是武器

難道你以為因為你沒有看見，美人兒在接吻的時候，就沒有把一種東西射到人裡面去嗎？難道你不知道人們所稱的「青春美貌」的這種動物比毒蜘蛛還可怕得多？

因為毒蜘蛛只是接觸的時候才把一種東西注射到人體中去，但這種動物不需要接觸，只要人看她一眼，甚至從很遠的地方看她一眼，她就會把一種使人如痴如狂的東西注射到人體裡。人們把愛情稱作射手。正是因為這個緣故，美人兒可以從很遠的地方使人受傷。

——蘇格拉底

像成熟的果實一樣

「美的極致」並不是只有一個女人才可以達到，所有的女人都擁有它，只是有些女人不知道罷了。她們每個人都達到了美的境界，就好像成熟的果實一樣……

——羅丹（法國雕塑家，1840～1917年）

美麗的女性

女性的美好並不在於出生的貧富貴賤，而在於她是否完全
沒有自我地活在這個世上……這就是我所認為最美麗的女
性。我所謂的沒有自我，就是腦中一片純靜，能自然而然
地對世上的恐懼、美好、嚴肅、歡樂等感覺有所反應，並
且表現出來。

——水上勉（日本作家，1919～2004年）

女人的眼淚和男人的理虧

即使男人有一大堆義正詞嚴的道理，
也敵不過女人的一滴眼淚。

——希爾提

　　不管男人能說多大篇的道理，女人都不願去瞭解。事實上，
　　即使男人所說的話全都是正確的，女人還是不願意去瞭解。
　　理由很簡單——當一個女人變得固執時，她就無法用理性判
　　斷事物。所以，不管你對她說什麼都沒有用。這時還是什麼
　　都不說比較好，否則女人的一滴眼淚就能將男人的冷靜判斷
　　完全破壞無遺。女人的眼淚，就是她們最大的武器！

微笑的力量

女人的美是一種力量，
女人的微笑就像一把劍。
——查爾斯·里德（德國小說家，1814～1884年）

羞恥心

女人的魅力，在於她們有羞恥心。
——澤野久雄（日本小說家，1912～1992年）

記憶之美

當時我是一個中學生，一個人站在多摩河岸邊。那時是黃昏時分，我的心情漸漸進入佳境。這時，我聽到背後有石頭滾落的聲音。回頭一看，一位和我同齡的女孩子騎著腳踏車若無其事地過來了，由我的面前通過⋯⋯就這樣，我的思想及漸入佳境的心情都被破壞了。當時那個女孩清爽的臉孔及表情，到現在仍常常出現在我的回憶中。我想，當我將死時，唯一記起的說不定就是那個陌生的女孩！
——高橋三千綱（日本作家，1948年～）

義理的魅力

有些男人背叛時代的潮流而執著於愛情。同樣，也有些女人執著於義理而生活。因為追根究柢，義理是愛情的另一種形式。人們對於無法專注於生兒育女或本能的愛情之女性，往往批評她們為頭腦過分發達的女人，而她們所得到的評價，似乎比那些專注於生兒育女的女性所得到的評價低。其實，並非臀部發達的女性才算是女人，也並非只有女性的本能才具有美感，應該還有一種義理的魅力存在才是……

──五木寬之（日本作家，1932年～）

柔能克剛

雖然男人一眼看上去好像很強壯，卻很容易折斷。生理上，男人似乎比女人強壯；實際上，女人卻較為安定，且擁有不易折斷的柔軟性。

──小松左京（日本作家，1931～2011年）

征服男人

如果女性想以處女性、魔性征服男人，那
是不可能的。只有母性才能征服男人。不
管男人再怎樣驕傲了不起，也不得不屈服
在母性的溫柔下。所以，一個女人若沒有
母性的愛，她便會失去魅力。

——龜井勝一郎

最好的女性

最好的女性，就是能生很多小孩的女性。

——拿破崙

做個好母親

任何女人都可能成為母親，這是每個女人
都做得到的事。
但是，要成為一個好母親，相當不容易。
──山本有三

女人是個小宇宙

女人真的是個小宇宙。想正確地支配一個
女人，就必須擁有治理一個國家的才能。
──湯瑪斯・福特

男人希望女性按照自己的想法過活，女人則希望男人只為了
自己而活在世上，於是男人與女人的戰鬥由此展開。不久以
後，這場爭鬥就會形成拉鋸戰，彼此之間互有勝負。但到最
後總是男人輸；而且，等到男人了解到這一點，他已經在女
人的小宇宙中迷航，成了失事的船隻。

很大的誤解

發生事情時，男人多半會保持沈默。但是，在女人眼中，就會覺得這個男人很狡猾。其實，這個男人只是壓抑住自己的衝動，用理智加以分析，以理智的觀點觀察事情。而女人卻總是用自己的感情處理事情，希望能把問題解決。因此，雙方之間就會產生很大的誤解。

——藤本義一

所有的男性……

女人一向不信任男性，因為她們主觀地認為男性是不值得信任的。

——卡馬松

能夠睡著的女人

「好女人是怎樣的女人？」當有人問我這個問題時，我會這麼回答：「能夠睡著的女人。」這一點，我們從一對男女生活在一起時就可以看得出來。

男人通常都有晚上遲歸的習慣。就算不是常有的事，但偶爾也會發生。在這種情況出現時，不睡覺而一直等待丈夫的女人是個好妻子，但我不認為她是個好女人。

——米長邦雄（日本將棋棋士，1943～2012年）

> 男性從女性身上得到生命，男人的聖母是女性……這就是男女之間決定性的差異。換言之，就是因為女性擁有再生能力，男性什麼都沒有，所以女性在本質上比男性更充滿自信；即使在艱困的環境中，她也比男人更容易存活。
> 女性的蛻變是男性所趕不上的。從男性單純的眼光中看來，女性是天使與魔鬼的化身，而且對於女性這種混沌的性格，他感到非常徬徨。男性因為女性還沒有定型，所以覺得她很可愛；因為女性奔放的性格，所以覺得她很純真；因為女性性情不定、變化無常，所以使自己不知不覺地愛上她……

沒有內涵

沒有學問的女性，就好像將商品全都陳列在櫥窗裡，而店內卻空無一物的商人。

——歐特·萊克斯那

主觀太強

女人可以成為擁有優秀才能的人，卻沒有辦法成為天才，因為通常女人的主觀性都太強了。

——蕭朋哈沃（德國哲學家，不詳）

話很多……

大部分女性都說了很多的話，卻不能用簡單的言語將意思表明。

——菲爾倫

女人的直覺

女人的推測有時比男人真憑實據的判斷還要正確。

——吉卜林（英國文學家，1865～1936年）

兩種批評

對於女性，我們只有兩種批評——
「哇！妳真漂亮。」或「哇！妳真笨。」
——三島由紀夫（日本作家，1925～1970年）

女性是讓人無法理解的

女性是異國的土地

女性就像異國的土地一樣，不管在多小的時候移居到那兒，對於男人而言，那裡的風俗、習慣、政治、語言都顯得不可理解。

——帕特摩亞

解開女性的謎

為了解開女性的謎，我們不得不愛上她……

——阿米爾

女性的虛榮心很強，常常會說謊。這是個很殘酷的事實。因此，女性對男性的詛咒言語，可說是數都數不清。確實，女性的任性對男性而言是不可理解的。但我們也不要忘記，男人和女人根本上就是不同的。首先，他們在生理構造上不一樣。常有人說，女性是經由子宮思考。這話雖然過分，但也未必是謊言。因此，我們不能用同一標準評斷男人和女人。

像影子一樣的東西

女人就像我們身邊的影子，你想從後面去追她，她就會從我們的身邊逃開；或者，當你想要躲開她，她又會在我們的後面窮追不捨。

──達爾蘭・喀爾

固執的個性

你越不在意女性，她越會在你的後面窮追不捨。
到底該如何形容女性呢？她們通常是很固執的……

──亨利・米勒（美國作家，1891～1980年）

聰明的女性與嫉妒心強的女性

聰明的女性與嫉妒心強的女性是兩個分別存在的個體。因此，再怎樣聰明的女性，也很可能成為嫉妒心強的女性。

──杜斯妥也夫斯基

當女性說「不」時……

由女人口中所說的「不」，與真正的否定不同。
——席德尼

歇斯底里是神所賜的嗎？

到現在為止，沒有人是因歇斯底里而死的。
歇斯底里是偉大的神賜給擁有愛心之女性的禮物。
——杜斯妥也夫斯基

女人心的一角

女人的內心不管充滿了多大的悲傷，仍會有一個角落留下來，等著接受奉承，接受愛情……
——瑪里歐

當女人一個人獨處時

獨處時，女人如何打發時間呢？
如果男人知道這一點，就不會想要結婚了！
——歐・亨利

各色各樣的女人

女人並非以單一形象存在，存在的是各色各樣的女人。
——羅曼・羅蘭

武裝起來的溫柔

女性的美，表現於以強韌的意志包裝起來的固執；女性的
魅力，就在於以驕傲作為武裝的溫柔。
——斯卡克夫

女性是善變的

從天使到魔鬼

女性在十歲時是天使，十五歲時是聖人，四十歲時是魔
女，八十歲時則變成巫婆。
——俗諺

像天空的模樣

當女人還是小姐的時候，就像五月的花季
一樣美麗燦爛。但是，一旦成為女人以
後，就會像天空，擁有各種不同的模樣。
——莎士比亞

新的性格

我並不認為女性欠缺性格。女性每天都會有新的性格……
——海涅

化妝與心態

有人化妝時會戴上假睫毛，以彌補眼睛的缺陷，或將自己的眼畫成圓形，像洋娃娃一般可愛迷人。但那並不是妳天生所擁有的東西，就算妳戴上假睫毛或如何掩飾，妳的眼中再也看不到那眨眼的純情動作。為什麼？因為妳的心態已經不對了。通常，女性會認為眨眼時可帶動整個臉部的表情，但事實上，那不只帶動了妳臉部的表情，也把妳的心態顯現出來。

用化妝掩飾自己的心態，會更容易將妳的心思顯露出來。既然這樣，我覺得，還是不要戴上假睫毛，讓自己的心表現出純情且溫柔的一面比較好。如果這樣可以將妳溫柔、純情的心表現出來，縱使妳的眼睛並不美，但當妳眨動雙眼時，在男人的眼裡還是非常美好。

──水上勉

貪婪的女性

女性就是對今日的快樂和明日的夢想都十分貪婪的人。

──堺屋太一（日本作家、政治家，1935年～）

女人的再生能力

就男人而言，他不會讓恨意永遠藏在心中。對於記憶中不好的部分，他會盡可能將它們忘記，重新開始另一種生活，以愉快的心情處理事情，並將痛苦的記憶、挫折或屈辱加以淡化，所以他能尋找到整個人生的平衡點。

過去的事不管怎樣不可原諒，還是有好的事可以補償⋯⋯這就是男人的想法。

＊

女人如果受到一點點屈辱，這個屈辱會永遠歷歷在目，不斷在她的腦海中出現。不管經過再久的時間，她都仍會感受到這項打擊。她的心情會一直受到這種感覺的支配。即使到了半夜，一旦想到此事，她就會憤怒得睡不著。在她的心中，幾年前的憤怒又再次燃燒起來，過去所受的創傷似乎又開始滴血了。

＊

男人會盡可能將傷口包在裡面，讓外表看起來像沒有發生什麼事似的。反之，女人卻不如此，她會像猴子剝韭菜皮一樣，一絲絲地剝開自己的傷口，使自己的記憶翻新，永不遺忘。如果只是看著自己的傷口也就罷了，但她在揭開自己的傷口時，還一直保持著像是剛受過屈辱的樣子。

換句話說，女人擁有一種創造自己過去之影像的再生能力。這種能力非常強，因此就算是十幾年前或更早以前經

歷的痛苦，都能像剛發生的事情一樣，不斷地在她的腦海
中出現……許多理論就是從這兒發展出來的。

——小松左京

心情不定

到目前為止，我所看過的書中，每一本都曾描述女性捉摸
不定的心理；甚至連歌曲或諺語中，也都曾描寫女性善變
的心。不過，也許女人們會說，這是因為寫那些書的人都
是男性吧！

——珍・奧斯汀

等待的女人和蜘蛛網

女人通常都很保守、拘謹、乖巧地在那裡等待對方出現。
但是，這就好像蜘蛛結網默默等待蚊蠅的來臨一樣，當蚊
蠅一不小心落入蜘蛛網，想要掙扎逃跑的時候，蜘蛛不會
在一旁默默地看著，牠會吐出絲來，將蚊蠅緊緊纏住。

——巴納德

比強盜還要貪心

強盜會用生命交換金錢，女人則兩種都要。

——巴特拉

女人的婚姻

有人說，人生是一場賭博。

對女性而言，婚姻是一場更大的賭博。在現在這個社會上，有時為了得到某個國家的國籍而和某人結婚，便是一種賭博。

「結婚是一件很美好的事，它會帶妳到一個很美好的地方……」妳的結婚對象會這麼對妳說。但是，這樣的台詞就是那些從大學畢業的男士在剛進入公司時，別人對他們所說的話。

——吉行淳之介

男人與女人的謊言

男人說謊時，其體質上會痛苦不堪。只有在不得已非要說
謊不可時，他才會以彷彿在思索哲學問題般的表情，想出
一個善意的謊言。所以，說謊對男人而言是很困難的。但
是，女性似乎在體內就有著無窮盡的謊言，能自然而然地
在說話時流露出來。所以，男人與女人之間，真有天壤之
別。男人的謊言是為了達成某一個目的而採取的一種悲壯
的決定。為了製造謊言，男人不知道要喪失多少體能?!

——吉行淳之介

女性萬歲

女人比之男人，較富於惻隱之心，較易落淚，同時也較易
嫉妒，較易怨尤，較易吵鬧和打架。又，她比之男人，易
於頹廢，易於失望，羞恥（或自尊心）較為缺乏，謊話較
多，詐偽較甚，記憶力也較好，也較為警覺，較為畏縮。
她不像男人般那麼容易起來活動，所需的食料也少些。

——亞里斯多德

愛與性

性本身並不邪惡

關於性是萬惡之源的學說，對於個人的性格產生了極大的損害，這種損害始於童年而存在於終生。傳統道德把性打入十八層地獄，所以它也極大地破壞了一切友情，從而使人們變得吝嗇、武斷、殘忍。

——羅素（英國哲學家，1872～1970年）

性態度造成人類的不幸

性活動中沒有什麼壞事。在這一方面，傳統態度是病態的。我相信，在我們社會中，沒有任何一種別的邪惡像傳統的性態度那樣，成為人類不幸的強大源泉，因為它不但直接造成一連串罪惡，還壓抑仁慈和人類的感情，使人們無法挽救可以挽救的經濟、政治、種族上的罪惡。人類就因為這些罪惡，受盡了折磨。

——羅素

男人與女人刻劃出不同的戲劇

「戀愛」，一言以蔽之，就是要將自己所愛的人的一切據為己有。不只是一部分，而是要將所有的一切都變成自己的。兩個人相愛越深，情意越高漲，這種衝動也就越強烈，不只希望能得到對方的心，也希望能將他（她）的肉體變成自己的禁臠，要將他（她）的祕密全都挖掘出來。希望沒有其他男人，只有自己能夠擁有那位女性的每一吋肌膚和身體的每個部分，這種欲望可說是理所當然的想法，所以相對地也就創造了這個肉欲的世界。

＊

所謂男子漢的作為，並不是乘著快艇橫渡太平洋，也不是騎著摩托車奔馳在世界上。我認為，真正男子漢的作為，是已經選定了一個女性作為自己的伴侶，不管她如何醜陋，仍能對她深愛不移……但是，像這樣由內心深處發揮出來的男性作為，在現代卻飽受嘲笑。

＊

苦惱和不安總是伴隨著戀愛而產生，而且，這種苦惱和不安只有在兩個相愛的人之間才會出現。如果兩個相愛的人之間有著極端的苦惱和不安，就會產生兩種情形——
第一種是，這段戀情會持續不斷。
第二種是，在他們的心裡會有一種酥麻的快感。

＊

男人做不到的事，女人能做，女人做不到的事，男人可以辦到，所以應該相互尊重對方的權利。這就是真正的男女同權論……不！應該說是男女分權論。

實際上，男女分權和男女同權是一樣的。這就像光靠小提琴沒有辦法演奏出協奏曲，一定要加上鋼琴的伴奏才行。演奏小提琴的人和演奏鋼琴的人，雖然其演奏的樂器不同，卻擁有同樣的權力。

*

女人就像是港口，而男人就是船，只有在他受撞擊、破壞時才會回來，等到修補完後又會離去。女人跟隨著男人雖然不幸，但她仍然會在黃昏的長長街道上，一步步慢慢地跟著……

——遠藤周作（日本作家，1923～1996年）

奪取

愛對自己而言是一種獲得，也是別人不惜一切要奪取的東西。即使你想要奪取的愛得不到，還是一定要去奪取它。

——有島武郎

女人的味覺

對男人而言，最重要的就是他所愛的女人。男人所有的幸福和煩惱，都是由女人所引起。女人帶給男人一切酸甜苦辣……

——席爾東魯

注視同一方向

所謂的「愛」，並不是兩個人互相凝視，而是兩個人注視同一個方向。

——朱貝里

露骨的愛

女人所擁有的愛非常露骨，但很少；男人雖然擁有很多愛，卻遮遮掩掩，一副不可告人的樣子。因此，男人的愛常常被女人露骨的愛所打敗。

——有島武郎

愛的消失

通常因為愛的存在而結婚的人，他們的愛在結婚的第三天、第三個月或第三年就會消失。根據我的推論，一般人就是常以此為藉口，認為兩個人之所以會投入婚姻生活，不是因為有愛，而是情緒在作祟。我們這些凡夫俗子本來就不是很能感受到愛、了解到愛或是希望得到愛，而所謂的情緒作祟卻是希望得到一種貪欲。難怪男人比女人更早失去這種情緒。

——伊藤肇

像母親一樣溫柔

在女性給予男人的幸福中，原本新鮮的性欲，經過了某一段時期以後，就會變得不很重要了。然而，女性若是能像母親一樣溫柔、體貼，舉手投足間能散發出一種安詳的力量，就會像一朵美麗的花，改變整個房間的空氣。

花只是默默地插在瓶中，卻能使滿室生輝。溫柔的女性就像艷麗的花朵一樣，兩者之間有著很深遠的關連和含義。

——小松左京

美麗的誤解

人與人之間的相互關連，在程度上各有差異。這都是因為
人們把關連建立在誤解之上，自己卻又不瞭解自己⋯⋯因
此，我認為戀愛也是一種誤解，是在一個善意的誤解上所
產生的愛情與友情。

──龜井勝一郎

揭開神祕的面紗

戀愛這種東西，只能在不安定的狀態下，才能燃起熊熊烈
火；一旦到了安定狀態，就會崩潰、破滅。

戀愛的時候，會去猜想對方的衣物下藏的是什麼？甚至會
想到那皮膚底下到底包涵著什麼？他的腦中到底在思考什
麼？他的軀體到底有著什麼樣的過去？⋯⋯這就是一種很
不安定的表現。

等到那種神祕的外衣一件件脫下之後，在最神祕的面紗揭
開的那一剎那，一切都不存在了，戀愛也就會在那一剎那
間消失⋯⋯

──吉行淳之介

不要使自己身敗名裂

好色要有一定的程度，只能風流而不下流，不要使自己身
敗名裂。

——小早川隆景（日本戰國名將，1553～1597年）

百分之五十的假象與真象

戀愛並非百分之百的純果汁，其中至少有百分之五十的假
象和百分之五十的真象。戀愛是一對男女向著相反的方向
前進，他們是有著不同航線的綜合體。當然，這個公式是
超乎想像的，所以也無法為它下任何定義。

如果你問戀愛中的女性，她的男朋友有何
魅力？十之八九的回答都是：「他很溫
柔。」女性對男性的溫柔所要求的標準，
就是不管任何時候，他都能配合她的心
情。但是，在這種情況下，男性的溫柔只
是配合女性的心情而產生，而不是真正的
內在表現。若說十個男性中就有八九個是
溫柔的，那麼世界末日就要來臨了。

——撒塔瑪撒席

熱情與良心

人類的一生都在不斷地戰鬥。對人類而言，幸福就是良心安詳的表現，而熱情和良心卻沒有關係。

女性絕不會說自己不喜歡已婚的男人，男性也不會因已婚而保證不再喜歡單身女性。因此，沒有談過婚外情的男人或女人，就不算是有魅力的人。

——加藤諦三

花會凋零，所以很美

人生苦短，終究免不了一死。但是，正因為知道和戀人在一起的時間很短促，所以，當兩人在一起時，就會燃起熱烈的愛情。花會凋零，所以很美。人生苦短。然而，短暫的人生是美麗的。因此，在這個短暫的人生中，我們所能做的事不是去探索人生，而是去愛人生。

——加藤諦三

戀愛是一粒種子

經過一見鍾情的階段，兩人墜入情網，開始談戀愛。為了維持這段愛情，必須努力才行。如果不能不斷地施肥，愛情的花朵就會枯萎。戀愛是一粒種子──偶然之間掉落在泥土上的種子，孕育在太陽、風和雨滋潤下的種子，它慢慢茁壯，就好像兩人之間相互交換的喃喃細語。手指的輕輕碰觸、視線的交錯……雖然只有這些小小的動作，卻足以使戀愛的幼苗長成大樹。這粒偶然撒下的種子，在愛的灌溉下，必然會開花結果。

──畑正憲（日本作家，1935年～）

> 戀愛有時也要經歷危險。未經任何風浪，並且相互信賴的兩人，一旦遇到任何小挫折，便可能面臨分手的命運。戀愛必須有點刺激和衝擊，不能光是體貼對方，有時兩人之間也需要吵吵嘴才好。因為風暴過去了，太陽才會展露出更可愛的笑容，促使兩人之間能用不同的角度去注視對方……這種新鮮感是很重要的。

因為很幸福，所以能為愛而死

有人說，為了愛而死，對他們來說是很幸福的。但事實並非如此。應該更正為——因為他們太幸福了，所以有勇氣為愛而死……

——三木清

愛沒有風化現象，也不會改變

不管經過了幾十年，愛這個字眼從來不曾改變，並已為大家所慣用。

——大宅步

歐爾達斯・赫克茲雷曾說：「戀愛一詞，在英文中，開頭曾經是大寫的，但現在已改成小寫了。」戀愛已對社會規範帶來很大的影響。常常有人冒著生命危險談戀愛，或是反叛家人的意見而戀愛，結婚。但隨著社會結構的改變，戀愛變得非常普通，成為日常生活中的一部分。姑且不論這對我們而言是幸或不幸，最重要的是，如果與當時那種因愛而寧願一死或犧牲自己生命的愛情相比，現代人對於愛情的價值觀就未免太過輕浮了。

相愛是很自然的事

男人和女人相愛是很自然的,就像父母養育子女一般自然。如果你自己想要過這種生活,而且下定了決心,就該忘記一切道德的約束或理論,重新調整自己的步調,以適應這種生活。如果你能非常重視這種生活,且能隨機應變,那就好了。不要拘泥在道理或道德的規範上,也不要太過於看重別人所告訴你的道德理論,要將你自己的本能、欲望、執著發揮出來。因為這也是其他人會做的事。本能永遠不會改變,它比政治形式、文化的流行、道德及一切規範都重要。

——伊藤肇

夫與妻

夫妻愛

有位作家曾說：「結婚是青春的過失！」我覺得「過失」一詞用得很好。因為一對夫妻如果認為結婚是戀愛的墳墓，也許他們會微笑向對方說：「我們兩個都完了。」我認為這就是一種夫妻愛的表現。

——龜井勝一郎

妻子的義務

妻子在年輕時是丈夫的愛人，到丈夫中年時是他的朋友，當丈夫年老時，就成為他的看護人。

——培根

鵝與聖女

不能感化丈夫的妻子是鵝，不想感化丈夫的妻子是聖女。

——巴哈（德國作曲家，1685～1750年）

男人和女人之間進行的是一場耐力戰

男人和女人要生活在一起，最重要的不是熱情，不是肉體，而是忍耐。對方的存在對自己而言，曾經很重要，並且非常光輝燦爛。但這一切都會逐漸消失，而顯露出醜陋的部分。這是我們不可逃避，必須消化、接受的。但有時消化不完的部分常常會留下來，使彼此之間產生異心，覺得十分痛苦。這時所需要的就是忍耐的功夫。忍耐對於一起生活中的男女而言，是最重要的。

——吉行淳之介

為了自己本身快樂

我們不是為了別人，而是為了讓自己感到高興才結婚。

——魏茲卡斯塔夫

選擇年紀大的丈夫

女人找個比自己年紀大的丈夫，就可以配合丈夫的步調，牢牢抓住丈夫的心，瞭解他心裡所想的。這樣，兩人就能協調一致。

——莎士比亞

人類之愛

我們有誰看到從別人所受的恩惠有比子女從父母所受的恩惠更多呢？父母使子女從無變為有，使他們看到這麼多美好的事物，分享到神明所賜予人的這麼多福氣。這些福氣對我們來說，都非常寶貴，我們無論如何也不願放棄這些福氣……你不會認為，人們生育子女只是為了滿足情欲，因為大街小巷滿足情欲的娼寮妓院多的是。

我們所考慮的顯然是，什麼樣的女子能給我們生育最好的子女，從而我們就和她結婚，生育子嗣。丈夫贍養妻子，並盡可能豐富地為將要生育下來的子女，提供他所認為對撫養他們有用的東西。

妻子受孕……分娩之後，儘管自己並沒有事先得到任何好處，還是哺育他，看顧他。但嬰兒並不知道撫養他的是誰……只是做母親的揣測到什麼對嬰兒的營養有益，什麼是他所喜歡的，力圖滿足他的這些要求……一點也不知道自己會得到什麼酬勞。

父母並不僅以撫養子女為滿足，而是在子女開始能夠學習的時候，就把他們所知道的對子女生活有用的東西教導他們……總是使子女得到最好的教育。

——蘇格拉底

當妳遠離時

我忽然了解到妳已離我遠去，但我對妳的愛就像陽光不斷灌溉植物般，時間仍然灌溉著我對妳的愛，使我的愛更加昂揚。我不知道是因為我對妳的愛太深才使妳遠去，但我對妳的愛卻已變得更加巨大，我的全部精神、全部能量及我心中所有的一切，都已經攀附在我對妳的愛之上了。我到現在仍對妳懷抱著很大的熱情，我覺得自己應該用這種熱情將自己塑造成另一個人。

——卡爾・馬克思（德國社會學家，1818～1883年）

應該和睦相處

丈夫有時會和妻子疏遠，覺得妻子不好，使得兩人不得不分開。所以，最好還是能和睦相處。

——藤堂高虎（日本戰國名將，1556～1630年）

妻子的偉大

要知道這個人是否會成為有錢人，只要看
他的妻子就可以了。

——英國諺語

能成為朋友的女人

那個女人能和男人成為很好的朋友，但你不能把她當成你
的朋友，必須選擇她作為你的妻子。

——鳩拉貝爾

戀愛中的男女

最棒的戀愛

對女性而言，最激動的戀愛可能是她和初戀情人所談的戀愛；但是，對一個女人而言，她所談的最好的戀愛是和最後一個愛人所談的戀愛。

——普雷實

他人的評價

一個男人愛一個女人，首要條件就是看這個女人是不是自己所喜歡的。但對女人而言，除此之外尚有另一個條件，就是自己所選擇的男性是否被他人所喜歡。

——羅曼威爾

戀愛也是女人的光榮嗎？

對於自己的戀愛，女人並不希望常常被人談論；但對於自己被人所愛的事，卻希望大家都能知道。

——莫洛亞

愛的意義就是不斷燃燒

我並不想說愛是最棒的，但是，對於陷在戀愛中的人，愛若不是最好的也不行。人生有許許多多第一。但是，在談戀愛時，其它第一都不存在了。

談戀愛並不需要長久持續下去。因為我們所處的是同一個世界，所以不必浪費自己的生命去長久持續一件事。重要的是，談戀愛時，要使自己的熱情儘量燃燒。

——深代惇郎

女人的記憶力

最值得驚奇的記憶力，就是戀愛中女人的記憶力。

——莫洛亞

背叛愛情

有些女人明知受騙，仍讓戀情繼續下去；有些男人明知對方已經背叛愛情，仍努力讓自己相信對方還深愛著自己。戀愛實在是個不可思議的東西，讓人覺得又可悲、又可愛。人生是因果循環，報應不爽的，若你背叛愛情，則因果循環之後，你也將會被愛情所背叛。因此，當你在責備背叛愛情的對方之前，要先考慮到戀愛的輪迴因果。從這種輪迴因果中，就可以稍稍看出戀愛的原理。

——佚名

失戀

失戀對人類而言，是一種成長促進劑。在失戀的那一瞬間，不管你如何傷心，精神上如何被踐躪，你的心中一定會留下些什麼。因此，若因恐懼失戀而放棄戀愛，那是愚蠢至極的。男人和女人的戀愛將會產生悲劇，但這樣的悲劇將會因時光的流逝而得到解決……嘗過戀愛的痛苦之人，才能夠體會戀愛的珍貴。

——佚名

愛的消耗

因為我碰到了很多很好的女人，所以我的愛情不斷地消耗。但是，我所談的戀愛都是光輝燦爛的，因為我擁有源源不絕，不斷燃燒的愛。我一點也不知道疲憊，雖然所有的熱情對我而言都是愛的消耗，也是我身心的消耗……

——紀德

愛就是要拚命

愛是一種要拚命的事，不要把它想得很甜美。

——太宰治

　　也許很多人會認為，若要將談戀愛當作是拚命的事，那就乾脆不要談了，或是一輩子只談一次需要拚命的戀愛就夠了。但實際上真是這樣嗎？愛的本質就是——不管對方如何，都要深愛著他。每個人都要拚命去戀愛，即使豁出性命也要去愛……

男人最想要的東西

當一個男人獨自作戰的時候，他一定很需要一個女人陪在身邊。但這和結婚絕對是兩碼子事。若妳能了解這個男人在作戰時的孤獨感，妳就能知道他心中的想法了。在男人眼中，認為縱使最後終究會分離而各自生活，只要能擁有美好的回憶就好了。

——加藤諦三

只談一次戀愛

我們偶爾會碰到從未談過任何戀愛的女人，但很少碰到只談一次戀愛的女人。

——拉‧羅什福科

創造最好的丈夫

女性必須成為能夠創造好丈夫的天才才行！

——巴爾扎克

如果沒有……

上帝給予人類的許多寶石，就是照亮人生的滿天星辰，在這些星辰中，最美的一顆就是愛之星。

愛之星的光芒能溫暖我們的心，撫慰我們的心靈。

如果沒有愛而仍然活下去，那麼他（她）的人生就會像墜入十八層地獄一般……

——武者小路實篤

永不褪色的時間

雖然我知道要走的路很漫長，但我已經擁有妳，所以無論
妳要去哪裡，我都會陪妳去，除此之外已無任何辦法。妳
現在已屬於我，妳一定要了解這一點……瑪利亞，妳記得
昨晚的事嗎？屬於我們的時間只有現在，這個時間將永遠
不會逝去……

——《戰地鐘聲》電影對白

嫉妒

戀愛和嫉妒很相似。嫉妒是女人所擁有的，可算是女人的
特權。男人則和女人不同，他的嫉妒是很悲哀的。縱使他
的嫉妒已高漲到極點，幾乎要將自己的身體漲破，他仍然
必須忍耐，臉上也不能露出任何表情……為了保持男性的
自尊，男人就必須持有這樣的處世態度。

——佚名

愛情與激情

愛情和激情是兩種截然不同的心境。詩人、凡夫俗子、哲學家和天真幼稚的人一直將二者混為一談。愛情具有感情的相互性，那種享受是任何事物都破壞不了的，其快樂絕對是一貫相互交流的，兩顆心絕對是完全心心相印的，因而勢必排除了嫉妒。占有是一種手段，而不是目的。對愛情不忠，使人痛苦，卻不會使人離心離德。

感情的熱烈或激動絕不忽強忽弱，而是持續不斷的幸福感。最後，神妙的氣息吹來，將嚮往之情擴展到無垠時間的始終，為我們將愛情點染成同一種顏色：生活有如晴朗的天空，碧藍碧藍的。激情是預感到愛情及愛情的無限。每一個痛苦的靈魂都渴望著愛情的無限。激情是一種希望，這種希望可能變成失望。激情同時意味著痛苦和過度。希望破滅時，激情便中止了。

男女之間可以有數次激情，而互不玷污聲譽，因為向幸福奔去是無比自然的事！然而，生活中卻只有一次愛情。

對感情的一切辯論，無論是書面的也罷，口頭的也好，都可以用這個問題概括：這是激情呢？還是愛情？如果不能體會到使愛情始終不渝的歡樂，愛情也就不存在了。

——巴爾扎克

PART 5

用正能量做為人生的賭注！

人生常會遇到必須做重大決定的時候：該向左還是向右，該前進還是後退，必須二中選一，而這個選擇常會支配一個人日後的一生。因此，「決定」是瞬間勝負的契機。縱使是長時間處在迷惘、躊躇中，真正的決定卻是剎那間的行動。也就是說，男人對瞬間的決定下賭注，必須擁有瞬間的爆發力，並將這種瞬間就可爆發出來的力量常常藏於心中。

將這不再重現的瞬間盡情燃燒吧！

勝利的祕訣

要懂得利用任何短暫的時間。
這是戰爭中獲得勝利的祕訣。
　　——嘉菲爾德

今天的價值

一個今天，等於兩個明天。
　　——富蘭克林

增加自己的時間

最忙的人，一定擁有很多時間。
　　——桑德爾

今天的意義

老想到明天會怎麼樣的人，是個愚蠢的人。縱使今天已稍遲了一些，然而，對一個賢者而言，只要擁有「今天」，就已是萬事俱備了。

——克里

只有一次青春

莫讓白日空度過，青春一去不復返。

——司馬遷

只有一次的人生

人生只有一次。因此，一定要盡全力將有限的人生填滿，使人生充滿美好。

——中內功

想到二十年後的自己

我現在已經想到二十年後的事了，而你們至多也只想到兩、三天後的事罷了！

——松永安左門

不久之後，我就會死

我常常想到，人生到底是什麼樣的情形，最後的結論總離不開死亡。瞭解了死亡，就會覺得：如果不好好地利用今天，對我而言，是一種損失。

也許有人會認為我太過矯情，但事實上，在我演講前，我是真的對自己說：「不久之後我就會死！」因此才能盡全力演講。而當兩個小時要講完的東西只用了二十分鐘左右的時間講完之後，雖然大汗淋漓，奇怪的是，我卻不感到疲倦。這是因為我盡情發揮，使我得到了滿足感，從而忘記了疲倦。

——淀川長治（日本電影評論家，1909～1998年）

每天都是除夕

要將每天都當作除夕，那麼每個明天就是
另一個除舊布新，充滿希望的日子。
——德川家康

把握每一天

一天雖不算短，但也不能白白虛度。少壯不努力，老大徒
傷悲！
——島津綱貴（日本江戶時代大名，1650～1704年）

男人要有決斷力

不可躊躇

既然邁出了一步，就應該毫不遲疑地繼續前進。

——屠格涅夫

一旦決定之後

決斷就是決心完成該做的事。所以一旦決定的事，務必付諸實行。

——富蘭克林

一生至少一次

男人一生中至少要做一次決斷，並且發憤圖強。

——小林繁（日本職棒名人，1952～2010年）

追求目標的決心

所謂「決斷」，就是不讓自己喪失追求目標的決心。
——艾森豪（美國第34任總統，1890～1969年）

游向波濤萬丈的大海

我所在的位置是好像荒島般的小岩石。我知道自己一定要
離開這個岩石，游到波濤萬丈的大海中才行……
——斐斯塔洛齊（瑞士教育家，1746～1827年）

張開眼睛思考吧！

如果要睡覺，請你閉著眼睛；如果要思
考，就請你張開眼睛吧！閉著眼睛思考的
話，所思考的內容不可能切題。所以，思
考的時候，眼睛一定要張開，才能使這一
次的決定閃閃發光。
——木拿塔克基

貧窮的時候

如果你年輕時嘗到貧窮的滋味,為此感到痛苦、煩惱,甚至去撞牆,那麼,即使你撞破了牆,痛苦、煩惱仍然存在。反之,只要你能戰勝貧窮和痛苦,你的人格就會變得非常高尚。

——伴淳三郎

　　嘗到勝利的滋味,哪怕是只有一次也好。所以,盡情揮灑你的汗水,用你的力量去獲得勝利的喜悅吧!經過戰爭,才能了解勝利的美好。將這個世界看成亂世或平世,全依個人的意志而定。認為這是亂世的人,可以上戰場去作戰,向勝利的目標邁進,也可以什麼都不做,躲避在社會的洪流中度過自己的一生。但不管怎麼做,那都是一種人生。所以我覺得,縱使像唐吉訶德那樣,追求著荒唐的目標,也總比生活在漫無目標中來得有趣,且更富有魅力。有魅力的人生必是有趣的,所嘗到的勝利滋味也更為甘甜。

退休後的人生

對我而言,根本就沒有所謂年老退休後的人生。

——土光敏夫

工作也是樂園

如果你將工作當作是快樂的事，你的人生將是個樂園；如果你將工作當成盡義務，你的人生就會成為地獄。

——哥里基

玩也要拚命玩

在我們那個時代，工作的相反就是休息。這不是我創造出來的字眼。我認為，工作的相反應該是「玩」，這兩者並存共立。在工作與遊玩之間創立新的文化，使它能開花結果，工作時拚命工作，玩的時候也拚命玩……這不正是年輕人的寫照嗎？

——中內功

機會稍縱即逝

當你還在考慮而沒有立刻採取行動之際，給予機會的女神早已跑到你觸摸不及的地方了。這時候，你再如何努力也沒用，只能乖乖地將命運交給上天。機會一旦失去，就不會再出現。所以，最後你所能考慮的問題，就只有是否能從危險中逃離罷了！

　　——竹村健一

怠惰的人沒有豐收

年輕人的毛病就是吊兒郎當、偷懶怠惰，喜歡沈溺於快樂之中而毫不在意。這種人沒有理想，是現實的失敗者，絕對沒有豐收的時候。

　　——武者小路實篤

不要害怕失敗

要有奉獻生命的覺悟

一旦人民自覺必須奉獻出生命時，就算進攻的敵人再多，人民也會獲得勝利！

——納瑟

戰勝自己

所謂勝利，就是打倒敵方，而打倒敵方就是自己獲得勝利，就是自己的心靈戰勝自己之肉體的勝利。

——源義經（日本平安時代名將，1159～1189年）

受到壓制，就要反擊

我認為，受到壓制，就要反擊。當然，有時我也會失敗。但如果恐懼失敗，那就沒辦法生活在這個世上了。因此，當我被壓制時，我會燃燒著熱情予以反擊。

——中野浩一（日于自行車選手，1955年～）

堅守崗位

所謂「管理棒球」，不知道是不是現代人的術語。但是，如果選手們也都考慮到這些問題，那就無法再打棒球了。那些事只要在上位的人考慮就可以了，我們這些選手所能做的就是堅守自己的崗位，盡自己的責任，以工作為重。

——江夏豐（日本職棒名人，1948年～）

在亂世中出頭的人

真正的創業者常在亂世中出現。所謂亂世，就是沒有一定組織和結構的社會。對於任何被忽視的問題都能真正解決的人就是有魅力的人。不過，因為在亂世中沒有辦法找出人類的真正特性，也沒有善惡之分，所以只有個性較強或獨立的人才能嶄露頭角。

——伊藤肇

知己知彼

知己知彼，百戰百勝！

——孫子

不做不行

真正的男人，不會為了獲得某些報酬而去做事，而是要具有「捨我其誰」、「不做不行」的胸襟。

——遠藤周作

盛衰是自然的事

因為有盛衰，所以人的善惡之分永遠存在。盛衰是自然發生的事，善惡是做人的道理，所以盛衰也可說是善惡的一種教訓。

——葉隱聞書

千變萬化的戰場

戰場千變萬化。有時已經決定的事，到後來可能又會產生變化。因為戰場千變萬化，所以很明顯的事實是——到最後往往會產生變化……如果你有這種覺悟就好了。

——馬場信春（日本戰國時代武將，1514～1575年）

走自己該走的路

你一旦到了戰場，一切就要照自己所想的去做，不要聽信
別人的話。

——前田利家

強者為王

在這個亂世中，只有強人才是勝利者。

——齊藤道三（日本戰國時代大名，1494～1556年）

努力，必能獲勝

不斷前進

你必須不斷前進，心想，如果失敗，就沒有可遁逃的地方；而且，若在中途停止努力，以往所累積下來的成績就會功虧一簣。如此一來，就會不知道該做些什麼了，只得回到最初的屈辱中⋯⋯

與其墜入人類社會的五里霧中，我覺得，不如隱身在這大自然的霧中較為適合。在這片濃密的霧中，為了尋找生存的道路，我不斷忍受這幾乎令人發狂的單調，並且極力克制自己不要發出軟弱的呢喃⋯⋯除此之外，我只能前進，不斷地向前進。

——植材直己（日本登山家，1941～1984年）

人生的道理

不需要向他人學習人生的道理。

——巖谷大四（日本文藝評論家，1915～2006年）

努力的鈍才

歸根究柢，不努力的天才還比不上努力的鈍才！

——約翰·阿什伯里（美國詩人，1927年～）

夢的實現

每個人都一定要擁有夢想，而且，一定要努力實現自己的夢想。

——永野重雄（日本實業家，1900～1984年）

一步步前進

即使距離目標還很遠，只要你一直朝著目標前進，就會一步步接近目標。

——西本幸雄（日本職棒名人，1920～2011年）

追求幸福

幸福絕對不會存在於怠惰中。安逸中也絕對沒有幸福。安逸中只有平穩，只有幸運，絕不會有閃耀光輝的幸福。平穩到後來總會產生一種無聊的感覺，而幸運終究會讓人覺得很乏味。但是，幸福絕不會讓人產生這種感覺。

通常，幸福只有在不斷努力的生活中才存在⋯⋯

——石川健三（日本物理學名教授）

不斷努力是你唯一能做的事

我的座右銘就是「努力」。這看似簡單，但每件事在開始時都少不了它。我常將自己的苦悶、煩惱都藏在心中不說出來，咬著牙忍耐著，並且不斷地戰鬥，甚至到終了時，臉上也能裝出若無其事的樣子。

——小野喬（日本體操選手，1931年～）

為了過富裕的生活

卓別林的幼年時代很悲慘，家境貧苦。五歲時，他的父親就死了，母親也因而發瘋。同父異母的哥哥九歲時離家出走，跑到船上去當小弟，只有他和發瘋的母親生活在一起。當時五歲的卓別林有時連食物都沒有，甚至到垃圾桶裡去撿拾人家丟棄的麵包……這些痛苦的境遇，日後在他的喜劇中經常描述到。

事實上，卓別林的母親是很偉大的。在她清醒的時候，會將這個小兒子喚到枕邊，對他說：「耶穌希望你能保住自己的性命，擁有自己的命運。」意思就是要他不可自殺。這不僅是她對自己的小兒子所說的話，也是對於苦命的自己所勉勵的話。

卓別林早年的痛苦，正是他日後能開出燦爛幸福之花的原動力。所以，神為了讓人類日後能享有富裕和幸福的生活，必先讓他嘗到痛苦的滋味。

——淀川長治

努力活下去

有人致力於政治，有人將一生奉獻於賣饅頭，卻也有人認為只有自己會考慮到人世間的疾苦，只有自己一個人擔負著痛苦。這種表現太過露骨的人，我一點也不相信他們。考慮到政治或人生疾苦的人，並不算偉大，最偉大的人應該是拚命活下去的人。

——高橋三千綱

學習大將生存的方法

要時時檢討自身的善惡

要常常私下檢討自己，反省自身。有時你會聽到不同的意見，但自己要有衡量善惡是非的能力，對於任何事都能清楚地處理。這是為將者的第一要務。

——豐臣秀吉（日本戰國名將，1537～1598年）

看清每個人的頸窩

身為一員大將，必須看清楚每個人的頸窩（要害之意），了解每個人的思想。這樣就能戰勝敵人。

——德川家康

知人善任

每個人的能力和氣質都不一樣，為君王者若能知人善任，那就太好了。若無法做到，那就是君王的過失。

——細川勝元（日本室町時代末期人物，1430～1473年）

不可讓對方發現弱點

對軍人而言，最使他不安的是他預感到失敗的時候。而他之所以能強烈地察覺這種失敗的預感，大多是因為看到指揮官表現出懦弱的行為。因此，身為一個指揮官，在心理或生理上都不能讓部下看到自己懦弱的一面，亦即不可給部下一種懦弱的形象。

——隆美爾

人類往往擁有在科學和常識的範疇內所無法了解的能力，能將不可能的事變為可能。這種偉大的力量會時常發揮出來。有的人稱這種力量是奇蹟，有的人則認為那是一種幸運。但我們不能依賴這種奇蹟和幸運來面對我們的困難。最重要的是，得具有強大的精神力量，亦即絕對不服輸的意志力，以及面對困難、向困難挑戰的勇氣。我們常有和自己作戰的可能，這時最重要的是，必須具有向不可能的事情挑戰的勇氣與精神。擁有這種精神就是一種奇蹟，它是一股能打破一般常識的力量。

對勝負的執著

我認為,勝利和賺錢是兩碼子事。在我的心裡,它們並無任何關聯。而且,我對金錢的看法也很淡泊。自從我成為職業選手以來,每次更換契約時,我都沒有提高薪資的念頭,因為我覺得斤斤計較於金錢的多寡並不是我所喜歡的。當然,我是一個人,我也希望能有較高的薪水。但是,我不會因此而想要提高我的年薪。縱使年薪並未達到我所希望的標準,我還是毫不考慮地和他們簽約了。我希望擁有更多的錢,因此我明年會更加努力。如果我能得勝,那一切就解決了。所以,最重要的就是:要獲勝……

　　──江夏豐

擁有想要吸收一切的貪欲

如果你想要具有職業水準,你應該對所有的事物都具有一種想要據為己有的貪欲。也就是說,想要將一切都吸收進來,成為自己知識的一部分。為了吸收新的事物,你必須擁有自己獨特的竅門。

　　──藤本義一

要抱持著具有職業水準的意識

在我二十幾歲時，曾想做一個廣播劇作家、戲劇作家或電影編劇，總希望自己寫的東西，除了自己之外，能得到某些人的認可。我所說的某些人，並非和我心意相通的好友，而是我不認識而且具有職業水準的人。我希望能得到他們的認可，因此每次徵文比賽我都參加，原因是那些評審委員都是具有職業水準的作家。我覺得自己若不被認為具有職業水準，那我所寫的文章就毫無意義了。在這種想法鞭策下，激起了了我寫作的熱情；即使睡眠不足，這種熱情也能消解我的疲倦。

——藤本義一

超越死亡線

當你在做一件事情的時候，也許會體驗到羞愧和恥辱。但希望你不要忘記這種悔恨，因為它能勉勵你，使你發狂地將你的精神和靈魂貫注於這件事情裡，使你拚命去做。當你拚命朝著一個目標前進時，也許你必須通過死亡線；如果你能將死亡這種事都看開，那麼你的道路就會開始綻放光明。

——德田虎雄（日本當代名醫，1938年～）

戰勝對手

學生時代，我有一個數學每次都勝過我的朋友。當時我住在學校的宿舍。有一天晚上，我正準備就寢，忽然發現這個朋友屋內的燈光數分鐘以後才關掉。「就是這樣！」我突然覺悟到原來是這麼回事。於是，從第二天晚上開始，每次我都會比這位朋友晚幾分鐘才關燈。所以，我最後終於超過他。

——嘉菲爾德

自己要有所行動

上天不會對那些不採取行動的人伸出援手。

——莎士比亞

不能逃避的事

有一件事和死亡一樣無法逃避，
那就是生存。

──電影《輝光燈》

死亡及信念

長久以來，我一直告訴各位要服從法律，但我自己為何可
以從那裡逃走呢？對我而言，死亡和自己的信念，到底哪
一個重要呢？

──伊索克拉底（古希臘演說家，前436～338年）

不投降

我被征服了，但我不投降。

──約翰生

人類原本是軟弱的，但是……

人類原本是軟弱的，但是，只要帶著信念或使命感開始行動，不知怎麼搞的，人類就會變得強健了。

——中內功

克制自己內心的敵人

要分清楚是非輕重

武士通常不會花很高的代價去買一匹馬，因為在戰場上，
當你和敵人拿著武器短兵相接時，可能會因為害怕馬受到
驚嚇，心生膽怯，錯過了殺死敵人的好時機。因此，有時
名駒反而會使武士喪失名譽。所以，你若想用十兩買馬，
只要花五兩去買就好了。這樣，如果遇到好的機會可以擒
敵，就不虞因為害怕失去名駒而錯過了。你們應該有這種
覺悟才對。

不只是馬，身為武士，一定也很愛惜自己的名聲。但是，
有時因義之所趨，甚至也會不惜犧牲自己的性命，更何況
名聲。所以，武士應該有的覺悟是：視財富如糞土。

──竹中半兵衛（日本戰國時代武將，1544～1579年）

要像木石般無情

對自己沒有信心的人，不可能對他人宣導福音。所以，若
想要像飛馳的弓箭般絕不後退，就必須像木石般無情……

──中內功

從內部強化自己

我們每個人不管在何時何地，都要鞏固自己的內心深處，使自己的意志變得很堅強才行。如果你的生命意志很堅強，那麼當你前進時，就不會有所恐懼，並且會相信自己必能獲得最後的勝利。懷著恐懼的人，內心深處很早就已經開始凋零了，即使想從內心深處堅強起來，也做不到。

——武者小路實篤

戰勝自己

即使你在戰場上打勝了數千名敵人，也比不上戰勝自己的人。唯有能戰勝自己的人才是最好的戰士。

——《法句經》

穩定成長的股票

年輕人絕對不會買穩定成長的股票。

——柯特

只想自己一個人出人頭地的話

如果你只想自己一個人出人頭地，什麼事都自己處理，你就會像是生了重病一樣。

——德川家康

勇氣是有生命的

各位，勇氣這傢伙是個有生命的東西，是一種組織體。所以，就像修理大砲一樣的道理，有時也需要把我們的勇氣修理修理才行。

——安德烈・馬爾羅（法國作家，文化官員，1901～1976年）

能觀察自己的人

能自我反省的人就是很了解自己的人，我
稱這種人為自我觀察的人，因為他能將自
己的心從身上取出來放在外面，好好地觀
察自己。能做到這樣的人，他一定是個正
直無私的人。這是大家都能了解的。但
是，這樣的人卻非常少。

自己擁有多大的力量？到底能做些什麼？
自己的適應力如何？缺點又是些什麼？這
些問題似乎很簡單。但如果不去自我反
省，就無法找出答案。

——松下幸之助

和自己戰鬥

溫柔的性格是很懦弱的。我認為，應該克服這種溫柔的性
格才行。對於殘酷的事情要不斷忍耐，才能使自己的心志
堅強。

——倉田百三（日本作家，1891～1943年）

以生命為賭注，去戰鬥

為了勝利，為了生存，必須勇敢地面對一切，而其首要條件就是不要害怕失去生命而奮勇作戰。為了保護弱者，為了許許多多要求保護的人，我們寧可犧牲生命也要戰鬥，這就是「勇敢」這個東西的特質。

──武者小路實篤

真正的勇氣

才能是在不滿與不平纏繞自身時，為了向這種悲慘的命運挑戰而發揮出來的大智慧。我們不能輕易向悲慘的命運屈服，否則就完蛋了！當你覺得自己不幸的時候，還能產生出向這種命運挑戰的勇氣，那你就能了解自己的真正價值，進而更加努力。這樣一來，你就能在黑暗中看到一絲光明的希望。所以，每個人都必須具有勇氣。我要再次聲明：如果一個人失去勇氣，那就什麼都完了。因此，絕對不要讓自己成為嬌貴的小孩，凡事都要提起勇氣來！

──源氏雞太（日本小說家，1912～1985年）

要保有王座

為了保住冠軍的寶座，為了稱霸於世界，必須具有戰勝自己的軟弱、迷惑及鬆弛之心理的勇氣。
——輪島功一（日本職業拳手，1943年～）

要有退而防守的勇氣

想要培養勇氣，除了必須擁有進攻的勇氣之外，還得有退而防守的勇氣。這一點很重要。亦即唯有兩者兼備，才算是真正的勇氣。
——新渡戶稻造（日本政治家、農業專家，1901年在台提出「糖業改良意見書」，對台灣糖業貢獻良多，被譽為「台糖之父」，1862～1933年）

明天會更好

以天為目標

目標是一種美、一種愛、一種圓滿。

即使無法到達天上，那高大的杉木仍朝著天前行。所以，我們也應該像杉木一樣，以天為目標，不斷向上爬。天是很遙遠的，而我們想要到達的地方卻很近，我們要朝著天這個方向前進。每個人都有他的生存之道。但是，就算我們的自畫像成了一堆白骨，也要以天為目標不斷前進。

——武者小路實篤

經歷種種苦難

如果可以，我希望能經歷種種苦難……

——山中鹿之介（日本戰國時代武將，1545～1578年）

財富中的自由

如果你讓別人認為貧窮是一件快樂的
事，你的態度就太過莫名其妙了。我
還沒有見過在貧窮中能引發出鄉愁或
者能發現自由的人。誰都不能勸導貧
窮的人，但可以告訴他名聲及巨富含
有拘束的意味。目前我在財富中並未
發現任何拘束感，反倒發現財富帶給
人很多的自由。

——卓別林（英國喜劇大師，1889～1977年）

擁有欲望

所有的人都有欲望。一旦有了欲望，玫瑰
就能盛開，而我們也就能像岩石般堅強。

——電影《輝光燈》

撞破山壁

在我們的一生中，時常會出現大的山壁阻擋在面前。這時，我們是越過山壁或正面撞破山壁才能前進呢？山壁裡面也許有你根本無法突破的阻礙？但對男人而言，如果你因為不知道山壁的厚度或高度，就想要迂迴繞過山壁，是不對的。因為採取迂迴的方式繞過它，你的目標就會離你越來越遠，使得你的夢想幻滅……

——佚名

脫離現在

滿足現狀很容易。因滿足現狀而停留下來，是人類的特性之一。但是，如果你真的這樣做，以後必定會後悔。在有限的人生中，你若能開創出新的道路，便能從中發現許多新的希望。

——佚名

違和感能創造出偉大的人物

珍珠貝因內部受到砂石的摩擦而感到痛，於是分泌出某種成分，將砂包住，變成了珍珠；詩人將自己內心的痛楚當成材料，寫成了偉大的詩篇。對珍珠貝而言，砂子就是一種異物，使它產生違和感，這種違和感就是使珍珠在貝殼裡成形的主因。人心亦同，強烈的違和感可以創造出偉大的人物。

——渡部昇一（日本評論家，1930～2017年）

旅行

當你的才能被埋沒，或者你對每天的生活抱著疑問，不要猶豫，去旅行吧！不論遠近，不論長短，就算是心靈之旅也好。重要的是，你要有去旅行的準備。不管你要到什麼地方去，就算到沙漠這種不毛之地，或是人跡罕至的地方都可以。一個男人真正的人生，通常就是他要去旅行的前一個晚上。你可以將目標定在荒野，接受任何冒險的挑戰⋯⋯旅行對男人的人生而言，是非常有幫助的。

——佚名

希望的力量

一個最困苦、最微賤、最為命運所屈辱的
人，只要還抱有希望，便可無所恐懼。

——荷馬

自信才能貫徹意志

只有滿懷自信的人，才能在任何地方
都懷著自信沉浸在生活中，實現自己
的意志。

——高爾基

人生的主宰

對於凌駕命運之上的人來說，信心是命運
的主宰。

——海倫・凱勒

別存僥倖心態

最愚蠢的事，莫過於把希望寄托在別人的身上。

——肯比斯（德國宗教家、作家，1380～1471年）

自尊就是自信

自信心與自尊心相輔相成，沒有自尊心的人，他決不會有自信心。

——毛姆（英國作家，1874～1965年）

勇於嘗試

第一個教大學的人，必定是沒有上過大學的人。

——羅蒙諾索夫（俄國科學家，1711～1765年）

勇氣

追求新知識，同未知的世界接觸，從中感受到一種喜悅，
才會帶來年輕的朝氣。

——池田大作

希望是一切

人生活在希望之中。舊的希望實現了，或者泯滅了，新希
望的烈焰隨之燃燒起來。如果一個人只是過一天算一天，
什麼希望也沒有，他的生命實際上也就停止了。

——莫泊桑

我的字典中沒有失敗一詞

對於那些有自信而不介意暫時失敗的人，沒有所謂失敗！
對懷著百折不撓的堅定意志的人，沒有所謂失敗！

——博賓斯卡

別過分自信

有自信是一件好事，但過分絕對地自信則不成……過分地自信，必會有很大的失敗在等待著。

——永守重信（日本電產會社長，1944年～）

希望是旅途的慰藉

希望——儘管它整個是騙人的——至少可以引導我們以一種愜意的方式走完生命的長途。

——拉·羅什福科

無知

無知者是不自由的，因為和他對立的是一個陌生的世界。

——黑格爾（德國哲學家，1770～1831年）

明天會更好

一個人對於前途必須抱有希望。如對前途無望，社會上就沒有努力工作的人了。預想明天的幸福，能安慰今天的不幸；為了來年的快樂，才忍受今年的痛苦。

——福澤諭吉

將不可能化為可能

要記住：歷史上所有偉大的成就，都是由於戰勝了看來是不可能的事而取得的。

——卓別林

熱情之母

希望是熱情之母，它孕育著榮譽，孕育著力量，孕育著生命。一句話，希望是世間萬物的主宰。

——普列姆昌德

永恆的力量

我們必須有恆心，尤其要有自信力！我們必須相信我們的
天賦是要用來做某種事情的，無論代價多麼大，這種事情
必須做到。
——居禮夫人

人盡其才

如果你富於天資，勤奮可以發揮它的
作用；如果你智力平庸，勤奮可以彌
補它的不足。
——喬・雷諾斯

國家圖書館出版品預行編目資料

智慧的書／孫麗 主編 -- 初版 -- 新北市：
新潮社，2020.02
　　冊；　公分
　　ISBN 978-986-316-757-0（平裝）
1.自我實現 2.成功法

177.2　　　　　　　　　　　　　108020237

智慧的書

主　　編　孫麗
企　　劃　天蠍座文創製作
出　　版　新潮社文化事業有限公司
　　　　　電話 02-8666-5711
　　　　　傳真 02-8666-5833
　　　　　E-mail：service@xcsbook.com.tw

印前作業　東豪印刷事業有限公司
印刷作業　福霖印刷有限公司

總 經 銷　創智文化有限公司
　　　　　新北市土城區忠承路 89 號 6F（永寧科技園區）
　　　　　電話 02-2268-3489
　　　　　傳真 02-2269-6560

初　　版　2020 年 5 月